남자아이들이
위험하다?

민들레 vol. 154

발행인 겸 편집인 현병호 편집장 장희숙 편집위원 김경옥 이설기 펴낸곳 도서출판 민들레
주소 서울 성북구 동소문로 47-15 전화 02-322-1603 이메일 mindle1603@gmail.com
등록일 1998년 11월 30일 발행일 2024년 12월 1일 정기간행물 등록번호 바00035
본지는 한국간행물윤리위원회의 윤리강령과 실천요강을 준수합니다.

이상하고 아름다운 남자아이들 세계

잡지 만드는 일의 즐거움 중 하나는 '공부'입니다.
두어 달을 한 주제에 골몰하면서 이것저것 보고 듣고
읽다 보면 조금 더 성장한 자신을 발견합니다. 이번
주제만큼 열심히 공부한 적도 드문 것 같습니다.
눈에 쌍심지를 켜고 해외 사이트까지 뒤져가며 서른 권
가까운 단행본과 논문을 읽었네요.(물론 완독은 아닙니다.)
어려운 주제이기도 했지만, 잘 풀어내야 한다는 부담감이
컸습니다. 유독 어려운 청탁 과정을 거치면서 마음을
졸이기도 했지요.

　곳곳에서 들려오는 '요즘 남자애들이 이상하다'는 소문의
진상을 밝혀보자는 것이 이번 기획의 야심찬 의도였습니다.
'야무진 여자애들에 비해 늦되고 철없다'는 전제도
있었음을 고백합니다. 2007년 즈음 이른바 여자아이들이
남자아이들을 앞선다는 '알파걸, 베타보이' 담론이 등장한
이후 번역서가 여러 권 출간되고 SBS 다큐도 제작되면서
'남자아이들의 위기 현상'에 주목했었는데요. 십수 년이 지난
지금, 그 현상에 한국사회의 젠더 갈등까지 더해져서 훨씬
복잡한 양상으로 드러나는 듯합니다.

흥미로 시작해 난감함을 거치며 한 호를 매듭짓는 시점에 제 안에 남아 있는 감정은 '연민'입니다. 한 편, 한 편 필자들이 보내온 글을 읽어내려가며 이 아이들에 대해 슬프고도 짠한 마음이 밀려왔습니다.

민들레에서 청소년들을 만나며 자주 하는 말이 있습니다. "누구도 자기 인생엔 진심이다." 그 말을 떠올리면 아이의 이해할 수 없는 행동도, 문제처럼 보이는 현상도 존중하는 마음으로 바라보게 됩니다. 이상해 보이고 위험해 보이는, 혹은 '찌질'해 보이는 이 시대의 남자아이들도 지금 자기 앞의 생에는 누구보다 진심일 겁니다. 그 모습이 문제처럼 보인다면 그들을 탓하기보다 그들의 말과 행동과 생각이 어디에서 비롯되는지 살피는 게 먼저가 아닐까요.

"자세히 보아야 예쁘다 / 오래 보아야 사랑스럽다 / 너도 그렇다" 나태주 시인의 〈풀꽃〉은 교사 시절, 너무나도 말 안 듣는 아이를 이해하고 싶어서 보고 또 보다가 탄생한 시라고 하지요. 어딜 가든 '기피 대상 1호'라는 이 존재들을 오래 보고 자세히 보면서, 이상하고 아름다운 그들의 세계로 조금 더 다가가는 시간이 되면 좋겠습니다.

2024 가을, 장희숙

모두가 억울한 세상에서 어린 남자들이 사는 법

안 정 선

남자중학교에서 35년째 근무하고 있다. 『부모와 교사 사이』,
『젠더 감수성을 키우는 교육』(공저) 같은 책을 썼다.

딥페이크와 패드립

"선생님, 딥페이크가 왜 나빠요? 성적인 거 아니면 괜찮은 거 아닌가요?"

"만약 둘이 합의를 했어요. 내가 널 딥페이크 하겠다, 그리고 걔도 괜찮다고 했어요. 그래도 안 되나요?"

"다른 아이들이 그런 영상 보는 바람에 저도 보게 됐어요. 그래도 제 잘못이에요?"

학교에서는 일 년에 15시간, 학생들에게 성폭력 예방 교육을 해야 한다. 최근 주제는 단연 '딥페이크 성범죄'이다. 아이들은 화면에 떠 있는 '딥페이크, 무엇이 문제인가'라는 제목을 보고 질문을 퍼붓기 시작한다. 남학생들만 있다 보니 꽤 아슬아슬한 대화도 오간다.

"야, 지환이 너! 나한테 보라고 했잖아, 그거."

"내가 언제!"(라고 말하지만 쑥스러운 표정으로 보아 맞는 듯)

"선생님, 지환이 맨날 그런 거 본대요."

"아니에요. 쌤, 저 억울해요. 야, 너도 김○○(여자 연예인) 딥페이크한 거 봤잖아!"

이렇게 마구잡이로 떠들어댈지라도 교사에게 말을 걸고 질문을 한다는 건 좋은 일이다. 혼날까봐 아예 입도, 마음의 문도 닫아버리는 게 더 위험하다. 하지만 마음이 편치만은 않다. 말이 어디로 튈지 모르고, 할 말 못할 말 가리지 않아 교사를 당황하게 하는 일이 많다.

어느 출근길엔 내 뒤에 따라오는 학생들이 나누는 대화를 들었다. 거리가 제법 떨어져 있었기에 나를 별로 의식하지 않고 떠드는 것 같았다.

"미친년들이 맨날 패드립* 하지 말라고 그러는데, 난 솔직히 패드립은 안 해. 근데 패드립만 안 하면 되는 줄 알지? 애들이 욕을 얼마나 많이 하는데."

익숙한 목소리다. 작년에 내가 가르쳤던 학생인 것 같다. 뒤를 돌아보면 그 애가 뻘쭘해할 것 같아 못 들은 척 걸었다. 그런데 그 '미친년'이란 말이 걸린다. 여름방학 직전, 1학기 진도를 끝내고 나서 세 시간 정도 '바른 언어생활'에 관한 수업을 했는데 "욕은 정말 나쁜 놈들에게나 하자. 그리고 아무리 욕을 하더라도 막말은 하지 말자. 특히 패드립은 하지 말자"라고 마무리를 했던 터라. 그 학생이 넌더리를 내며 '패드립하지 말라고 노래를 부르는 미친년들(여선생들만을 일컫는 게 아니다. 그들은 남자들끼리도 미친년, 씨발년이라고 욕을 한다)'에 내가 포함되었을지도 모른다.

그런 수업을 몇 시간 한다고 아이들이 쉽게 달라지진 않는

● 패륜+드립. 본인의 부모나 남의 가족을 개그와 비하 표현의 소재로 삼은 모욕성 발언.

다. 처음 온라인 게임 채팅방에 접속하는 초등 3, 4학년 무렵부터, 어쩌면 더 일찍 20~30대 어른들이 섞여 있는 채팅 자리에서 패드립을 '문화'로 접하면서 자란 아이들이라 그 문제엔 둔감할 대로 둔감해져 있다. 물론 학생들 모두가 패드립을 하는 것은 아니다. 한 반에 한둘, 많으면 서넛. 그러나 그 수를 결코 적다 할 수 없고, 거리낌 없이 패드립을 해대는 학생들은 교실 분위기를 주도하는 경우가 많아 더 문제다.

페미니즘과 여성 혐오

"선생님, 페미니즘에 대해 어떻게 생각하세요?"

"여자들도 군대 가야 된다고 생각하세요?"

가끔 이런 질문을 받는다. 많은 남자중고생들은 '페미니즘은 나쁜 것'이라는 생각을 갖고 있다. 그러니까 저 질문을 뒤집으면 '당신도 혹시 꼴페미 아니냐?'는 뜻이기도 하다.

몇 년 전 가르친 학생 중에 학급 회장과 학생회 간부를 할 정도로 똑똑하고 언변이 좋았지만 극단적인 일베 행적을 보인 학생이 있었다. 학교에서 임원 수련회를 하는데 노무현 대통령을 조롱하는(부엉이 바위가 어쩌고 하는) 노래를 불렀다고 한다. 평소에도 자주 거리낌 없이 패드립과 여성 혐오 발언을 하던 그 아이는 군대 징집 제도에 대한 토론 수업을 마치고 난 직후, 교실에 있는 학생들이 다 듣도록 큰 목소리로 내게 "페미니즘에 대해 어찌 생각하시느냐?"고 물었다. 이들의 머릿속에는 광주-진보-페미-남성 혐오 등등의 연결고리가 있는데 그것으로 나를 목표 삼은 듯했다.

50대 후반의 경력교사도 낙인찍어 괴롭힐 수 있다는 자신감이 그 목소리와 눈빛에 묻어났다. 나를 곤란한 상황에 빠지지 않게 도운 것은 다른 학생들이었다. 아이들은 이미 그 학생이 '일베'임을 알고 있었다. '페미가 싫다'고 생각하는 아이들조차 그런 무례한 행태에 찬성하는 것은 아니었다. 만약 아이들이 낄낄거리며 그 애를 부추기는 분위기를 보였다면 녀석은 더 기세등등했을 것이다.

남자아이들은 몸으로는 여성을 약자라 생각하지만, 머리로는 여성에 대한 경계심이 있는 듯하다. 그것을 혐오감으로 버무려 두려워하면서 미워한다. 과거의 영화를 빼앗긴 젊은 남성은 힘은 약한 주제에 치고 올라오는 경쟁자를 경계하며(어쭈, 이것들이?) '혐오(어딜 나서?)'한다. 그리고 빨리 제거하려 한다. 요즘 흔해진 데이트 폭력 또한 그렇게 억울감-열등감-증오-분노로 감정이 증폭되면서 예견되는 불행한 결말이 아닐까. 열등감이 많은 남성이 늘어날수록 데이트 폭력, 불안전 이별, 전 남친에 의한 스토킹이나 폭력, 살인은 더더욱 늘어날 것이다.

내가 느낀 남자아이들의 정서를 거칠게나마 모아본다.

▪ 공정한 세상을 바란다. 자본주의는 옳고, 열심히 일해서 돈을 많이 버는 것은 공정한 일이다(고로 부자나 연예인은 미워하면 안 된다). 중학생이지만 벌써 주식이나 펀딩, 재테크에 관심을 가진 학생들도 많고 1학년 때 도박중독 검사에서 심각한 결과가 나온 아이들도 많은 걸 보면 '열심히 일해서'라는 전제가 꼭 붙는 건 아닌 것 같다.

▪ 좋은 직장 들어가서 돈 많이 벌고 싶다. 그런데 이 좁은 경쟁 사회에서 상위권은 주로 여자애들이 차지한다. 여자애들은 어려서부터 남자애들보다 잘한다. 게다가 어른들이 여자애들만 예뻐하면서 차별하며 우리를 길렀다. 그 중심에는 엄마 그리고 선생님(초등교사 80%가 여성)들이 있다. 그래서 엄마 또래 여자들이 싫다. 남자애들보고 까분다, 시끄럽다 혼내지만 초등학교 때 보면 남자애들보다 드센 여자애들도 많았다(이들은 주로 여자애들을 괴롭히는 남자아이들을 앞장서 혼내주는 전사 노릇을 했다). 그 똑똑하고 힘센 여자애들은 '무섭다.'

▪ 그러면서 여자들은 군대도 안 간다. 우리가 군대 가서 '뺑이' 칠 때, 안 그래도 시험 잘 보던 여자애들은 공부할 시간을 더 번다. 그리고 공무원, 대기업, 공기업, 모든 좋은 자리를 여자애들이 차지한다. 이제는 남자들이 더 잘할 수 있는 군인, 소방직, 경찰직까지 여자들이 나서서 높은 자리를 차지한다. 불공평하지 않은가?

- 결혼하면 남자들한테도 집안일 해라, 육아도 같이 하자, 그러면서 애는 많이 안 낳으려 한다. 돈 못 버는 남자는 무시한다.
- 자기들 보고 예쁘다, 사귀자, 그러면 성추행이니 성희롱이니 하면서 남자를 범죄자 취급한다. 대부분의 남자들은 안 그러는데 우린 언제나 잠재적 성범죄자 취급을 당한다.
- 억울하다. 남자들보고 다 죽으라는 거냐?

남자아이들의 피해의식은 어디에서 오는가

해마다 5월 중순이 되면 한 시간 정도 시간을 내서 광주민주화운동 이야기를 들려준다. 광주의 피흘림이 헛되지 않아 1987년 직선제 개헌으로 이어졌으니 민주주의란 그렇게 아프면서도 귀한 것이라고, 지금 우리가 당연하게 누리는 것이 결코 당연하지 않았다는 걸 기억해야 한다고, 자못 비장하게 마무리를 한다.

그런데 이 수업에서 불편한 눈빛을 보내거나 엎드려 자는 척하는 학생들이 있다. 광주 이야기를 하기 위해 1979년의 12.12 군사 쿠데타를 말하려면 박정희 대통령을 언급해야 하는데 그를 독재자로 설명하는 게 몇몇 학생들에겐 불편한 모양이다. 1학기 마치고 단체로 영화를 보러 갔을 때, 박정희 대통령에 관한 영화 광고가 나오자 갑자기 십수 명의 아이들이 박수를 치며 "와!" 하고 함성을 지르는 게 아닌가. 찬양에 가까운 그 반응을 뭐라 해석해야 할지 몰라 당황스러웠다.

20대 남성의 보수화가 공론화되기 시작한 건 박근혜 대통령 때였던 것 같다. 일간베스트(일베) 웹사이트를 중심으로 여성 혐오 논쟁이 번지고, 남성연대 성재기 대표가 투신 사망하고, 군 가산점 폐지 등 사회구조가 남성에게 불리해졌다는 주장이 떠돌던 그 무렵, 우리 학생들도 자주 접한다고 해서 '일베' 사이트에 들어갔다가 경악을 했다. 정치적으로 보수적이고 여성의 권리 주장에 반발하는 정도가 아니었다. 세월호 참사나 광주 민주화운동에 대한 폄훼는 정치적 입장 때문에 그렇다고 하더라도, 포르노에 가까운 내용이 넘치고 패륜적인 이야기들이 아무렇지도 않게 오가는 사이트는 그야말로 범죄의 현장이었다. 그러나 당시 정권은 자기들을 지지하는 세력이라 생각해서인지 아무런 제재를 가하지 않았다.

그 반대편에 있는 진보진영에서는 어떠했는가. 그에 대한 제재가 우리가 그토록 어렵게 쟁취해낸 '표현의 자유'를 가로막는 빌미가 될 수 있지 않겠냐는 우려를 표했다. 지금은 그 사이트 하나를 쪼그라들게 만들 수 있지만 결국 나중에 진보적이고 올바른 정치적 견해에 대해서도 제재를 가하는 부메랑이 될지도 모른다며 '인터넷(네티즌)의 자정 능력을 믿어보자'고 했다. 그리고 그때 싹트기 시작한 일베 정신은 이제 많은 젊은 남성들의 '사상'이 되어버렸다. 그때 무럭무럭 자라난 그 감성과 정치적 지향이 지금의 10대, 20대 남성들에게 엄청난 영향을 끼치고 있는 것 같다.

구시대의 유물은 청산되지 않아 남녀 차별이 남아 있는 이 사회에서 그 책임을 져야 하는 구세대 남자들은 아무렇지도 않은데, 젊은 남자들이 그 혐의를 다 뒤집어쓰고 있다. 한창 연애를 해야 할 때지만 젊은 여성들의 경계심 때문에 자유롭게 이성을 사귈 수도 없다. 게다가 주변 (남성)문화는 여성에 대한 왜곡된 시선을 공기처럼 공유하고 있다. 일종의 '환경'이 되어서 그로부터 자유롭지 못한 남성들도 어떤 면에서는 피해자일 수 있다. 어수선하고 음란하고 폭력적인 학교 문화 때문에 고통을 호소하는 남학생들도 많다. 정신 똑바로 차리지 않으면 인권의식도 없고 무도한 인간이 되기 쉬우며 젠더 감수성 예민한 젊은 여성들로부터 외면당할 지경이다.

혜택은 없고, 불안은 높고, 이성에 대한 선망은 강렬하다. 젊은 남성의 삶은 불균형과 부조화 그 자체이다. 젊은 여성들도 불안하고 불안정하긴 마찬가지이지만 보다 공동체적인 방향으로 자존을 찾아가려는 경향이 강한 데 비해 남성들은 문화적으로 더욱 취약하다. 게임과 운동 외에 정신을 안정시켜줄 자기들만의 세계를 찾지 못한다. 어쩌면 해소하지 못한 그 불안감을 약자인 여성에게 쏟는 것인지도 모른다.

남녀평등 따위 아직 이루어지지도 않았고 사흘에 한 명꼴로 여성들이 연인이나 남편 등에게 살해되는 세상,* 남녀 급여가 30%나 차이 나는 세상이다. 그런데도 남자들은 '여성들이 우위를 점하는 세상'이라 불평등하단다. 여기까지 보면 객관성은 하나도 없이 더 많이 가지겠다고 징징대는 젊은 남자들이 한심하다고 생각할 것이다. 그러나 자세히 들여다보면 10대, 20대 남성들의 불편한 감정은 과거 아버지 세대처럼 남자로서 여자 위에 군림하며 더 많은 것을 누리고 싶은데 그러지 못해 아쉽다는 징징거림이 아니라는 것을 알 수 있다.

아이들이 말하는 '혐오 사회'의 원인

아이들과 '혐오 표현'에 대한 토론을 하던 중 물었다.

"어느 나라나 악성 댓글, 혐오 표현, 혐오 범죄는 있어요. 하지만 우리나라처럼 인터넷상에서 혐오 표현이 들끓는 나라도 별로 없죠. 모든 계층과 직업에 대한 혐오가 사방으로 뻗치는 이유가 뭘까요?"

많은 아이들이 인터넷 문화가 발달해서 그렇다는 식으로 대답했다. 이때 한 아이가 심각하게 "경쟁이 심해서 그래요"라고

● 한국여성의 전화가 2023년 언론에 보도된 '친밀한 관계의 남성 파트너에 의한 여성 살해'를 조사한 결과 피해자 수는 최소 138명으로 추정된다.

대답하자 교실은 찬물 끼얹은 듯 조용해졌다. 경쟁과 혐오/증오의 상관관계를 조용히 짚어가는 과정에서 공감의 물결이 일어났다. 그렇지. 모두가 모두와 경쟁해야 하는 세상, 아무리 열심히 해도 해낼 수 있는 일이 그리 많지 않은 세상에 남는 건 미움뿐이지.

지금의 중학교 교육과정에서는 지필고사보다 수행평가의 비중이 크다. 거의 매시간이 수행평가다. 공부하는 '과정'에서 열심히 하기만 해도 꽤 괜찮은 점수를 얻을 수 있다는 점에서 무언가 달달 외워 '결과'로서의 점수만 얻는 지필평가보다 수행평가는 매력적인 방법이라고 생각한 적이 있다. 능력보다 노력을 보는 평가라 생각해서. 하지만 어떤 선생님이 한 말이 마음에 남는다. "따지고 보면 노력이나 성실도 능력주의더라고요. 성실한 유전자, 성실을 가르칠 수 있는 가정환경, 그거 아이들이 선택해서 가질 수 있는 게 아니잖아요? 한때는 저도 게으름 피우는 아이들이 한심했어요. 하지만 따지고 보면 그것도 아이들 잘못이 아닌 거예요. 물려받는 거더라고요."

한때는 한 교실에 서너 명 정도, 무슨 수를 써도 죽어라 공부를 안 하는 아이들이 있었다. 지금 교실 풍경을 옮겨보자면, '모두가 열심히 한다.' 머리가 좋든 나쁘든, 선행을 했든 안 했든, 집이 가난하든 부자든 거의 모든 학생들이 매시간 열심히 한다. 물론 학교마다, 환경에 따라 다를 수 있으리라 생각한다. 내가 근무하는 학교는 서울의 외곽, 성적에 대한 학부모들의 관심이 그리 높지 않은 지역이니 강남이나 목동처럼 학업에 대한 열정이 들끓어 그런 건 아닌 것 같다. 코로나 직후부터 이런 현상이 생겨났다.

처음에는 열심히 공부하는 학생들이 예뻤다. 그러다 의아해졌다. 어째서 아이들답지 않게 모두 열심히 공부하지? 그런데, 모두 다 열심히 하면 모두 다 공부를 잘할 수 있나? 어차피 성적은 줄을 서게 돼 있는데, 모두가 열심히 한다는 건 기대치와 기준치가 더 높아진다는 것 아닌가? 이렇게 모두 열심히 하면 스스로 극복할 수 없는 선천적 조건을 갖고 있는 학생들은 이 분위기에 짓눌리지 않을까. 그들은 어디로 가야 하는 걸까? 공부를 좀 못해도, 아니 열심히 하지 않아도 사회에 나가서 존중받으면서 먹고살 수 있는 세상이라면 모두 한 방향만 바라보진 않을 것이다. 나는 모두가 미친 듯이 열심히 공부하는 이 세상이 섬뜩하다.

인간은 자기만의 능력과 능률, 경제적 자립, 전문성 같은 것을 인정받아야 자존감이 높아진다. 그래야 다른 이도 존중할 여유가 생긴다. 그런데 요즘 아이들은 그런 것을 보장받을 '입지'가 없다. 그 입지는 직업과 경제력, 능력일 텐데 질 좋은 취업 자리가 너무 적다. 아직 취업 경쟁에 뛰어들지 않은 어린 학생들조차 미래에 내가 과연 잘 해낼 수 있을지 불안하고 자신감이 없는 게 사실이다. 이것은 심리적인 문제가 아니라 현실인 것이다.

지금 20대 젊은이들의 취업률은 50% 정도밖에 되지 않는단다. 질 좋은 취업 자리가 많지 않아 젊은이들 대부분은 시험을 치러 들어갈 수 있는 대기업, 공기업, 공무원, 경찰, 소방, 교정직, 교사, 전문직 자격증에 도전한다. 그런데 그 경쟁률이 어마어마하다. 2024년 공무원 경쟁률은 22대1, 경찰 10대1, 소방 17대1, 교정 10대1이었고 공기업인 한국수자원공사의 경우 최고 80대1까지 치솟았다. 세무사, 노무사 등 각종 전문직 자격 시험도 마찬가지다. 지역에 따라 다르지만 교사 임용고시 평균 경쟁률은 10대1 정도 된다. 중복 지원 등 허수를 빼도 대부분의 젊은이들은 한 분야에 수년 간 공부하며 여러 번 낙방을 맛본다. 천 명을 뽑는데 만 명이 지원한다면 반드시 9천 명은 낙방한다. 그들은 어디로 가는 걸까?

교사를 포함하여 공무원 직군이 급여나 근무 조건이 좋은 것도 아니다. 그러나 어디 가서 그나마 자신이 무슨 일을 한다고 말할 때 자존심이 상하지 않을 직업을 갖고 싶은 것이다. 이 치열한 경쟁의 시대에 상처받은 젊은이들은 불안과 분노와 좌절에 예민하게 노출되어 있다. 다정한 것이 살아남는다지만 스스로 피폐한데 누구에게 다정할 수 있으며 누구를 사랑할 수 있겠는가. 좌절의 끝은 경쟁자에 대한 증오로 향한다. 이런 현상은 남녀를 떠나 이 시대 젊은이들의 자화상이라고 할 수 있을 것이다.

힘 없고 가난한 것들끼리 싸우면 누가 좋아할까

이런 세상에서 여성들은 남성들을 위협적 존재로 여기고 자신이 낳을 아이의 미래가 불안하기에 출산을 저어한다. 일종의 '출산파업'이다. 젊은 여성들이 세상에 '빅엿'을 먹이고 있는 것이다. 하지만 그들은 대체로 이런 것들을 말로 표현하지 않는다. 지금 세상에 대해 불공정하다, 억울하다, 큰 소리로 말하는 이들은 오히려 젊은 남성들이다. 그동안 당한 성적 괴롭힘에 대해 '미투'로 말하다가 더 크게 얻어 맞고, 가까운 이들에게 폭력을 당하고 죽임을 당하는 게 기가 막힌 여성들은, 자기가 낳을 아이들에 대해 어떤 안전장치도 마련해주지 않는 세상에 기가 막힌 여성들은 목소리를 높여 맞서 싸워도 달라지지 않는 세상에 출산 거부로 답한다. 그런 여자들을 보면서 젊은 남자들은 "여자들은 애도 안 낳을 거면 군대나 가라" 한다.

35년 동안 남자중학생들을 가르치며 별별 굴곡진 의식을 가진 아이들을 만났지만 이렇게 남녀가 서로 반목하고 싫어하는 시대를 본 적이 없다. 군입대에 관한 토론을 마치고 다가온 한 아이가 "선생님, 세상이 다 망했어요"라고 한다. 아무 반박을 못했다. 속으로 '나도 그렇게 생각해'라고 답하는 나를 발견했을 뿐이다.

이 싸움터 끝자락에서 누가 잔치를 벌일까? 지금 우리가 이럴 때일까? 낙천적 성격으로 태어나 의지로 낙관하며 그 모든 세월을 견뎌온 나이 든 교사, 늙어가는 엄마는 과연 세상에 희망이 있긴 한 건지 의문을 품으며 고개를 숙인다. 얘들아 힘내자, 서로 미워하지 말고 싸우지 말자, 서로를 사랑하자, 이런 말을 더 이상 못 한다. 진짜 못된 놈들이 누구인지 제대로 바라보자고, 그들과 싸워 이기려면 우리가 같은 편이고 서로 사랑한다는 것, 그들이 아무리 우리끼리 싸우라고 부추겨도 우리는 서로 사랑한다는 것을 보여주자고, 더는 말할 수가 없다. 그래서 더 막막하고 슬프다. ◼

남녀공학은
남학생들에게 불리할까

김 형 성

고등학교 교사. 작은 이야기들을 소중히 여기며 틈틈이 글을 쓴다.
『당신의 그늘을 읽어드립니다』를 썼다.

내 별명은 '김마담'이었다

중학교 시절 내 별명은 '김마담'이었다. 별명이 존재의 외양 혹은 행동을 함축하는 상징이라면, 내 별명은 아마도 후자 때문이었을 것이다. 체육 시간에 구기종목을 하지 않았고, 발표할 때 목소리가 가늘었으며, 복도에서는 항상 고개를 숙이고 다녔다. 남자라면 모름지기 땡볕에도 땀 흘리며 운동을 해야 하고, 어디서든 우렁찬 목소리로 당당하게 어깨를 펴고 다녀야 한다는 말을 듣던 때였다. 영화 〈친구〉를 비롯해 각종 조폭 영화들이 흥행하던 그 시절, 많은 남자 중고생들은 영화 속 조직폭력배들의 우정과 의리를 '남성다움'으로 수용했다. 그러니 나 같은 사람은 조직폭력배 옆에 조용히 앉아 있는 '마담'으로 보이는 게 당연했을 테다.

고등학교 때라고 달라질 건 없었다. 내 주변 남자들은 남성성을 과시하기 위해 무던히도 애썼다. 교사들이라고 다를 바 없었다. 일본어 선생님은 늘 '남성다움'을 강조했는데 그 방식이 매우 폭력적이었다. 특히 겨울에 남학생들이 외투를 입는 걸 무척이나 싫어했다. 등하교 때뿐만 아니라 수업 시간에도 무조건 교복만 입어야 한다는 것이었다. 하루는 교실에 들어와 혀를 쯧쯧 차며 말했다. "남자새끼들이 당당해야지. 뭐가 춥다고 그라고 있노? 외투 입지 마라. 다 뺏어뿐다."

그 시절 남자고등학생이 갖추어야 할 덕목은 무척 단순했다. 과묵, 리더십, 의리 같은 것들은 남자들이 향유할 때 비로소 빛을 발하는 덕목이었다. 억울한 상황에서도 자신의 상황을 구구절절 설명해선 안 되고, 혼이 날 때 울어서는 안 되며, 무섭다고 도망치거나 거짓말을 해서도 안 됐다. 국어 교사를 꿈꾸던 나는 문학 수업을 좋아했는데, 이육사의 '광야'가 일제에 대한 저항 의지를 남성적 어조로 표현했다는 설명에, 김소월의 '진달래꽃'이 이별 상황을 여성적 어조로 형상화했다는 설명에 고개를 끄덕거렸다. 그때는 그랬다. 적극적, 의지적, 저항적인 자세를 남성적인 강인함으로, 소극적, 체념적, 순응적인 자세를 여성적인 부드러움으로 배웠던 것이다.

당시 나는 남들이 보기에 전형적인 여성의 특징을 가진 남성이었을 것이다. 구기종목을 싫어하는 대신, 글쓰기를 사랑했기 때문이다. 당시 부산대학교에서는 매년 전국 고등학생을 대상으로 백일장을 개최했는데 참가 인원이 천 명도 넘었다. 수상자 16명 중 일반계 고등학교에 다니는 남학생은 내가 유일했다. 부산대 국어국문학과를 문예 특기생으로 들어갈 자격을 얻은 나는 신이 났다. 당연히 학교에도 소문이 났다. "걔가 보통 남자애들과는 다르게 글을 잘 쓴다더라." 당시 내 글을 읽은 국어 선생님은 섬세한 감정 표현이 뛰어나다는 평가를 해주셨는데, '섬세한 감정 표현'은 당시 남자고등학생들에게서 보기 힘든, 여성적 특징이었음이 분명했다.

남녀공학에서 사직을 생각하다

2012년 임용고사에 합격한 뒤 발령 학교를 기다릴 때, 제일 가기 싫은 학교는 남자 중학교였다. 내 기억 속 남자들이란 무례하고 거친 집단에 불과했다. 게다가 '사춘기'를 겪는 남자중학생 집단이라니. 불행 중 다행일까. 첫 학교를 남고로 발령받았다. 그런데 남중만큼이나 만만치 않았다. 학교가 있던 부산의 최남단, 영도는 당시 경제적으로 매우 낙후된 지역이었다.

거칠게 부는 바닷바람만큼이나 아이들이 드셌다. 가정환경이 좋지 않은 아이들도 많았다. 욕설과 음담패설을 아무렇지 않게 뱉던 아이들의 뒤에는 아이와 똑 닮은 보호자가 있었다. 보이지 않는 침묵, 들리지 않는 슬픔을 들여다보게 된 것도 그때부터였다. 내 책 『당신의 그늘을 읽어드립니다』에 등장하는 대다수 학생이 남성인 것이 우연은 아닐 테다. 남성성이라는 사회적 압박을 힘겨워하던 아이들, 남성성이라는 거대한 장막에 가린 아이들의 그늘을 읽는 일의 시작이었다.

그러나 나 또한 남자아이들에게 남성성을 강조했다. 특히나 생활지도에서 남학생의 남성성에 상처를 내는 방식은 효율적이었다. "남자가 왜 비겁하게 거짓말을 하니?"라든가, "남자답게 네가 먼저 사과해야지"라는 말을 습관처럼 썼다. 이른바 문제학생이라 불리는 남학생을 지도할 때 이것만큼 효과적인 방법은 없었다. 그들의 남성성에 은근한 생채기를 내면서 잘못을 인정하게 만드는 방식. 이런 교육은 그 아이들에게 어떤 형태로 남아 각인됐을까.

두 번째 학교는 남녀공학 고등학교였다. 당시만 해도 남녀공학은 남녀 분반이 원칙이었다. 교사, 학부모 가릴 것 없이 남녀 합반을 원하지 않았기 때문이다. 합반에서는 학생들이 학업에 집중하지 못할 거라는, 종교에 가까운 신념이 거셌다. 반별 인원수의 불균형이 심해도 어쩔 수 없었다. 2015년 당시, 내가 맡은 3학년 남자 문과반은 38명이었다. 교실은 매일매일이 전쟁터였다. 좁은 교실 공간에 빽빽이 찬 아이들은 서로를 향해, 교사를 향해, 학교를 향해 날선 언어를 거침없이 내뱉었다.

뒷수습을 하고 다니느라 꽤나 진땀을 흘리며 처음으로 사직을 생각했다. 내가 생각하는 교육의 이상이 이곳에서는 실현될 수 없겠다고 판단했다. 그러나 생계형 교사여서 사직은 할 수 없었고, 그 대신 대학원 파견 준비를 수험생만큼이나 열심히 했다. 당시 기억이 얼마나 끔찍했으면 그 시절 제자들의 연락은 받지도 않는다. 마초스러운 남성 집단은 학창 시절 때나 교직에 있을 때나 내게 공포 그 자체였다.

〈빌리 엘리어트〉를 열 번도 넘게 봤지만

대학원 파견 기간에 뮤지컬 〈빌리 엘리어트〉를 열 번 이상 관람했다. 주말이면 뮤지컬을 보러 부산에서 서울까지 올라갔으니, '회전문 관객'이라 할 만도 하다.

작품의 배경은 1980년대 영국. 마거릿 대처가 수상으로 당선되면서 영국의 산업 구조는 급격히 개편된다. 그중 하나는 국영 산업이었던 석탄 산업을 민영화하는 것이다. 이 계획을 발표하자 광부들은 격렬히 저항한다. 빌리의 아버지는 광부 직업을 아들에게 물려주려고 권투를 시킨다. 남자라면 모름지기 권투를 배워야 한다는 거다. 그런데 빌리는 권투가 아닌 발레에 관심이 있다. 형과 아버지의 폭력에 가까운 반대에도 불구하고, 빌리는 발레를 배우기 위해 왕립 발레학교에 진학한다.

영화의 마지막 장면에서 빌리는 〈백조의 호수〉 주인공을 맡는다. 그런데 여성 백조가 아닌 남성 백조를 등장시킨 이 작품은 웨스트엔드와 브로드웨이 역사상 가장 롱런한 '매튜 본' 안무의 〈백조의 호수〉다. 광부, 권투, 집단, 시위로 상징되는 남성성을 거부한 채, 여성들의 전유물로 여기던 '발레'를 향해 뚜벅뚜벅 나아가는 주인공이라니. 무대 위 빌리는 어린 시절 여성스럽다는 이유로 놀림받던 나였다. 그 뮤지컬은 내게 과도한 남성성을 강요하는 문화가 얼마나 촌스러운지, 자신만의 정체성을 지키는 것이 얼마나 중요한지를 깨닫게 했다.

2년 동안 대학원 파견을 갔다 오니 학교가 많이 달라져 있었다. 특히 모든 학급이 남녀 혼성반으로 구성돼 있었다. 교과 중점 학교가 되면서 학생들의 과목 선택이 다양해져 더 이상 단성 학급을 유지할 수 없었기 때문이다. 처음 마주한 남녀 혼성반의 분위기는 매우 묘했다. 우려와는 달리 서로를 향한 긴장감 탓에 일 년 내내 조용하고 차분했다. 눈에 띄는 특징 중 하나는 남자아이들의 말수가 현저히 줄었다는 것이다. 여학생들의 눈치를 보고, 말을 삼갔다.

〈빌리 엘리어트〉를 열 번 넘게 본 보람도 없이, 나는 그 묘한 긴장감을 이른바 문제학생 지도에 또 이용했다. 여자와 남자를 가리지 않고 '너의 행동이 다른 이성 친구들에게 좋지 않게 보일 거'라며 겁을 주었다. 이 또한 사회적으로 학습된 성정체성에 기댄 치졸한 생활지도 방식이었다. '너희가 멋진 남성 혹은 여성으로 존재하려면, 혹은 이성에게 멋지게 각인되려면, 사회가 정한 틀과 규범에서 벗어나서는 안 된다'고 강조하는 것. 지금 생각하니 부끄러울 뿐이다.

여학생에게 유리한 교육과정?

당시 내 수업 방식은 크게 변화했다. 그중 하나는 수업 시간에 다양한 형태의 글쓰기를 시키는 것이었다. 각자 주제를 정해 '설득하는 글'을 쓰라고 한 적이 있는데, 한 남학생의 주제가 신선했다. 남학생들은 여학생보다 꼼꼼하지 못해 수행평가에서 불리하며, 내신 성적에서도 여학생들이 더 뛰어난 경우가 많으니 남녀공학은 사라져야 한다는 것이었다. 아니면, 남녀공학이라 할지라도 남학생과 여학생의 내신 성적을 따로 산출하는 내신 분리제를 도입해야 한다고 주장했다.

남학생이 여학생보다 학업 성취 수준이 낮다는 소문은 사실일까? 절반은 맞고 절반은 틀리다. 일반적으로 여학생은 언어 영역에서, 남학생은 수학과 과학 영역에서 두각을 나타낸다는 정설이 있다. 수능 성적 결과를 분석한 연구는 이를 뒷받침한다. 꼼꼼한 여성들이 내신 관리를 잘해, 여학생의 대학진학률이 남학생보다 높다는 분석도 쏟아진다.[*] 그런데 대량의 데이터를 분석한 해당 연구와 기사들은 매우 단순하고 간결한 결론으로 끝을 맺는다. 남녀 모두가 평등한 교육, 성차에 따른 불평등이 발생하지 않는 공정한 교육을 추구할 필요가 있다는 것이다. 그리고 이 같은 차이의 원인으로 남성과 여성의 생물학적, 심리학적 차이가 지적된다.

그러나 이 같은 분석에는 허점이 많다. 사회적 성 역할과 관

● '여학생 대학진학률, 남학생보다 4.8%P 더 높아… 수시 확대 속 내신 우위 여학생 강세 지속', 《경향신문》 2021.07.22.

련된 정치적, 사회적 맥락을 거세한 논의에 불과하기 때문이다. 가령 남학생의 성역할에 대한 사회적 기대는 교육에 어떤 영향을 미칠까? 이른바 남성에게 권장되는 유형의 직업을 성취하기 위해서 남성에게 수학, 과학 같은 과목에서 높은 성적을 요구하는 건 아닐까? 그에 따라 남학생들이 수학, 과학 과목의 사교육을 더 많이 받게 되고, 이 같은 변인이 성적에도 반영되는 건 아닐까, 이런 의문이 드는 것이다.

이는 통계 자료로도 뒷받침된다. 2009~2011년 국가수준 학업성취도 평가에 응한 학생 55,604명을 분석한 결과 전 학년에서 남학생의 수학성적이 높았다. 그런데 사교육 변인을 통제하자 성별 수학성적 격차가 60%나 감소했다.[●] 이런 측면에서 언어, 사회 분야에서 여성의 성취가 더 뛰어나다는 결과를 단순히 여성이 타고난 언어적 능력으로 환원하는 것 또한 어불성설이다. "남자가 과묵해야지, 입 싼 남자는 별로다" 같은 말들로 남자아이들에게 침묵을 강요하고 솔직한 자기표현을 억압해온 사회적 분위기의 영향이 없다고 말하기 힘들 것이다.

교육평가 연구 분야 중에 학업 성취도를 측정하는 평가 도구에서 차별 기능 문항(DIF)을 분석하는 영역이 있다. 특정 성별에 따라 유불리가 발생하는 문항을 통계적으로 검증하는 것이

● '학업성취 수준 큰 차이 없는데, 수능 수학 최상위권 남학생이 84%', 《한국일보》 2024.01.02.

다. 그러나 이런 연구 중 일부는 매우 뻔한 '순환 논리의 오류'에 빠진 결론을 도출한다. 가령 여학생들의 성적이 좋았던 문항의 경우, 발문이 길어서 언어 능력이 우수한 여학생에게 유리했을 거라는 매우 단선적인 결론을 내리는 방식이다.

여학생의 내신 관리 능력이 뛰어나다는 주장의 전제에는 여성들 특유의 '꼼꼼함'과 '세심함'이 있다. 그런데 현장에서 아이들을 만나보면 이 또한 사회적으로 학습되는 성향에 불과하다고 느낀다. 여자아이들에게 '칠칠치 못하게', '조신하지 못하게', '꼼꼼하지 못하게' 같은 표현을 아무렇지 않게 사용해온 우리가 학습시킨 결과는 아닐지. 남성성과 여성성의 경계를 구획짓는 이분법적 환원주의에 반발하는 나조차 학생 생활지도를 하면서 '-다움'이라는 본질적 성차를 그대로 재현해왔다. 아마도 가정과 학교에서 이루어지는 이런 방식의 교육은 그 뿌리가 우리가 인식하는 것보다 훨씬 깊고 단단할 것이다. 이처럼 남녀의 학업 및 정서적 격차를 생물학적 차이를 중심으로 접근하는 방식은 성역할이 학습된 사회문화적 맥락을 과도하게 경시하고 있다는 비판을 받을 수밖에 없다.

'-다움'에는 실체가 없다

나는 현재 남고에 근무하고 있다. 2년 동안 '화법과 작문'이라는 과목을 가르치면서 마주한 남학생들의 말과 글은 그 어느 때보다 큰 울림을 주었다. 다양성을 주제로 수업하면서 장애인, 동성애자, 이주민, 탈학교 청소년, 소년원에 수감된 청소년의 삶에 관한 책을 손에 쥐어주었다. 매시간 책을 읽으며 독서일지를 쓰고, 몇 시간 동안 대화를 나누었다. 처음 마주한 낯선 타자를 향해 거친 언어를 내뱉는 아이들도 있었지만, 건강한 공동체 안에서 아이들의 사고도 점차 말랑해져갔다. 촉법소년에 대한 강경한 처벌을 부르짖던 아이들이 서현숙 작가의 『소년을 읽다』를 읽으며 회복과 치유의 중요성에 공감했고, 동성애자에 대한 막연한 혐오감을 갖고 있던 아이들이 김규진 작가의 『언니, 나랑 결혼할래요?』를 읽고 자신들과 다를 바 없는 성소수자의 평범한 삶에 고개를 끄덕였다.

자신의 감정과 생각을 자연스레 표출하지 못하는 남학생들과 대화의 물꼬를 트는 것도 그리 어렵지 않았다. 자신의 감정을 솔직하게 드러내는 것이 세련된 행위임을 알려주고, 투박하게 내놓은 글과 말을 있는 그대로 인정해주었으며, 날것의 언어를 다시 정돈된 언어로 정리할 수 있는 시간을 주는 것만으로도 충분했다. 누구에게나 깊은 내면에 숨겨온 이야기가 있고, 이를 자연스레 끄집어내기만 하면 된다는 걸 그때 알았다.

올해 새로 맡은 '언어와 매체'라는 과목의 첫 시간에 교통사고로 전신 화상을 입은 이지선 작가의 『꽤 괜찮은 해피엔딩』을 읽었다. 아버지의 반복된 외도와 가정폭력으로 힘겨운 청소년기를 보낸, 내가 쓴 글도 같이 읽었다. 이어 자신의 사고와 언어에 영향을 미친 개인적인 경험을 쓰는 시간을 주었다. 온라인으로 모은 응답에는 아이들의 절절한 아픔이 소리치고 있었다. 크론병을 진단받은 이후의 절망감, 자신에게 폭력을 일삼는 아버지와의 관계, 학교폭력의 피해자로 낙인찍힌 삶, 과도한 성적 경쟁으로 인한 상처들이 무겁게 가라앉아 있었다. 아이들은 켜켜이 쌓아 묵혀둔 마음을 남들이 볼 수 없는 비밀스러운 공간에 마음껏 꺼내 놓았다.

이런 글은 대부분 '처음 밝히지만', '처음 털어놓지만'으로 시작된다. 그 어느 때보다 섬세해진 남자아이들의 감수성을 마주하며 시대가 변한 것인지, 아이들을 대하는 나의 자세가 변한 것인지 헷갈리기도 한다. 단언컨대 자기 서사를 고백하는 데 남녀 차이가 있을 순 없다. 그들을 만나는 나는 '단순하다', '상처를 덜 받는다', '금방 잊는다'라는 틀에 박힌 어휘로 남학생들을 규정하지 않으려고 애쓴다. 더는 '남자답게' 같은 말로 그들의 행동과 사고를 교정하려 하지 않는다.

요즘 즐겨 보는 프로그램 중 하나는 Mnet 〈스테이지 파이터〉이다. 발레, 한국 무용, 현대 무용을 하는 남성들이 나와서 몇 시간이고 자신의 몸을 증명한다. 우락부락한 근육질을 뽐내지 않아도 섬세함과 부드러움에서 강인함이 느껴진다. 교육에서의 남성성 또한 이 같은 방식으로 재해석되어야 하지 않을까. 아니, 애초에 남성과 여성의 차이를 규명하고 해석할 필요가 있기나 한가? 공정과 평등을 실현하겠다며 특정 성을 지닌 존재들의 우열을 비교하고, 현상을 분석하며, 대책을 내놓는 접근 방식에 어떤 실효성이 있는지 의문이다. 존재에 대한 고정관념과 편견을 재생산할 뿐이라면, 갈등과 다툼을 만들어낼 뿐이라면 과감히 폐기해야 하지 않을까? 그 빈자리는 경계를 허무는 방식이 대신할 것이다. '-다움'에는 아무런 실체가 없고, '-다움'을 강요하는 것은 불가능하며, '-다움'으로는 아무것도 평가할 수 없음을 인정하는 것. 공정과 평등의 가치는 아마도 여기에서부터 시작될 테다.

'소년 위기' 담론의
세계적 동향

엄 혜 진

경희대학교 후마니타스칼리지 조교수. 젠더교육연구소 '이제' 소장으로 일했으며
『페미니즘 교육은 가능한가』(공저) 등을 썼다.

'소년 위기'와 '알파걸' 담론의 등장

1990년대 이후, 영미권을 필두로 여학생의 학업 성취가 남학생과 동등해졌거나 앞서기 시작한 현상에 주목하는 담론이 생산되기 시작했다. 특히 TIMSS**, PISA 등 학업 성취에 대한 국가 간 비교가 활성화된 후, 남학생의 학업 부진이나 중도탈락 현상을 우려하는 '소년 위기Boy crisis' 담론이 '알파걸Alpha girl' 담론과 나란히 크게 부상해왔다. 독립적으로 보이는 이 두 개의 담론은 서로 긴밀하게 얽혀 남성과 여성의 성공을 대칭 또는 대립시키면서, 기존의 성평등 교육 제도와 정책을 비판적으로 거부하거나 선택적으로 수용하며 페미니즘의 의미를 재정의하고 있다.

20세기 초 미국에서 남성성의 위기에 대한 사회적 대응으로 보이스카우트가 창설되고, 초창기에 동성애자 남성의 가입을 막은 데서 알 수 있듯, 소년(남성성) 위기 담론은 남성성에 대한 규범적인 가정을 전제하고 그로부터의 이탈이나 변화를 위기로 규정하며 반복적으로 등장해왔다. 그러나 최근 나타난 '소년

● 이 글은 《한국여성학》 제 38권 4호에 게재된 '소년 위기 및 알파걸 담론에 나타난 백래시의 의미 지형'(2022)을 발췌, 정리한 것이다.

●● 수학·과학 성취도 추이 변화 국제비교연구(Trends in International Mathematics and Science Study). 국제교육성취도평가협회(IEA) 주관으로 4년마다 초4, 중2 학생들의 수학과 과학 성취도의 변화 추이를 통해 기초학력을 파악한다.

위기' 담론에서 새로운 것은 소년을 능가했다고 전제되는 소녀의 성취, 그리고 무엇보다 페미니즘의 사회적 효과를 소년 위기 진단의 지렛대로 삼는다는 점이다.

이를 가장 도드라지게 보여주는 책은 크리스티나 호프 소머스의 『소년은 어떻게 사라지는가The War against Boys』다. 원제대로, 이 책은 우리 시대의 교육 제도와 관행이 소년의 본성을 인정하지 않는 페미니스트에 의해 선포된 '소년들에 대한 전쟁'이나 다름없다고 주장한다. 소머스는 '소년 위기'의 책임을 페미니스트는 물론 성평등한 교육을 위한 정책, 기구, 제도에 두고 이를 비판하는 데 많은 내용을 할애한다. 전작 『누가 페미니즘을 훔쳤는가? Who Stole Feminism?』에서 이미 안티 페미니스트 면모를 드러낸 소머스는 페미니즘이 거짓 혹은 잘못된 정보를 통해 여성에 대한 차별과 폭력을 과장하고 있다고 주장하면서 차별금지법 같은 성평등 제도를 문제 삼는다.

국내에는 '소년 위기' 관련 서적들이 2000년대 중후반부터 번역 출간되었다. 마이클 거리언의 『남자아이 심리백과The Wonder of Boys』, 레너드 삭스의 『알파걸들에게 주눅 든 내 아들을 지켜라Boys Adrift』 등이 대표적이다. 이들은 모두 대동소이하게 오늘날 소년들의 학업 부진, 부적응, 탈락 등의 문제를 다루면서 소년들이 자살 충동, 우울, 낮은 자존감, 폭력에 직면해 있다고 진단하고, 그 원인을 소년의 특성을 고려하지 않는 교육 정책과 학교 환경에서 찾는다.

한편 알파걸 담론은 2007년 아동심리학자 댄 킨들런의 책 『알파걸Alpha girl』에서 처음 제안하면서 크게 사회화됐다.• 킨들런은 뛰어난 학업 성적, 리더십, 활발한 방과 후 활동 참여, 높은 성취 동기 및 자기 신뢰감 등의 특징을 가진 여학생들을 '알파걸'로 정의하고, 자신의 삶을 진취적이고 성공적으로 이끌어가는 새로운 세대 여성들의 출현으로 바라보면서 그 심리적 특성을 분석한다. 인상 깊게 봐야 할 점은 킨들런이 '알파걸'뿐만 아니라 '소년 위기' 담론의 주창자이기도 하다는 점이다. 그는 『알파걸』에 앞서 마이클 톰슨과 『아들 심리학Raising Cain: Protecting the Emotional Life of Boys』을 공저로 펴내, 아들 양육과 교육 방법을 제안했다. 소녀와 다른 소년의 생물학적, 심리학적 차이를 설명하면서 그 무렵 부상하고 있던 소년/남성성 위기 담론들••과 유사한 관점을 취하고 있다.

소녀 담론의 확산은 1990년대 들어서 여성의 진학률과 학업 성취 수준이 높아지고 이것이 국제학업비교 지표에 의해 확인되는 과정과 나란히 진행되었다. 특이한 점은 교육 담론에서

● 1990년대 이후 리더 역할을 하는 여성을 '알파 여성'으로 부른 것을 활용한 것이다. '알파 여성'은 1870년대 후반부터 생물학자들이 동물 집단의 지도자를 지칭하기 위해 알파 수컷(Alpha Male)과 알파 암컷(Alpha Female)이라는 용어를 사용한 데서 기원한다.

●● 하비 맨스필드의 『남자다움에 관하여 Manliness』, 로이 바우 마이스터의 『소모되는 남자 Is There Anything Good About Men?』, 스티브 비덜프의 『남자, 다시 찾은 진실 The New Manhood: The handbook for a new kind of man』 등은 국내에도 출간되었다.

이러한 상황은 해명되어야 할 독특한 현상일 뿐만 아니라 문제적 징후로 여겨지면서 '성공하는 소녀 대 실패하는 소년', '알파걸의 부상과 소년의 위기'라는 대립적 개념으로 구성되었다는 점이다.

이러한 담론들이 부상하며 소년의 학업 부진은 사회적 논란을 불러일으킬 만큼 큰 이슈로 부각되었고, 교육 정책과 예산 투입의 방향성도 변화시키기 시작했다. 미국의 경우 소년 문제에 대한 대응으로 1972년 교육법에서 명시했던 성별 분리 교육 금지 정책을 폐기하고, 2002년 아동학습낙오금지법 No Child Left Behind Act을 마련하여 공립학교의 성별 분리 수업과 단성학교를 허가했다. 같은 해 호주에서도 '소년을 위한 등대학교'라는 프로그램을 만들어 수백만 달러의 예산을 투입했고, 영국과 캐나다 등에서도 유사한 정책이 도입되는 등 성평등 교육 정책의 초점을 소녀에서 소년으로 이동시킨 뚜렷한 변화를 가져왔다.●

정말 학교는 소년들에게 불리한가

'소년 위기' 담론은 남학생의 학업 부진이 심각한 상황이자 외면되어온 교육 현안이라는 점을 강조하는 반면, 알파걸 담론은

● Francis, B.(2006). "Heroes or zeroes? The discursive positioning of 'underachieving boys' in English neo-liberal education policy", Journal of Education Policy, 21(2), pp.187-200.

뛰어난 여학생들의 출현 현상과 특성을 설명하는 데 방점을 둔다. 그러나 소년과 소녀의 성취 수준을 대립시켜 양자를 제로섬 게임으로 바라본다는 점에서 이 둘은 같은 담론 구조를 공유하고 있다. 사회·경제적으로 여성의 지위가 상승한 환경에서 여학생들은 혜택을 누리는 반면, 남학생들은 학업에서 뒤처지고 있을 뿐만 아니라, 폭력과 일탈 그리고 유례없는 심리적 좌절을 경험하고 있다는 것이다. '소년 위기' 담론은 그 원인을 소년 고유의 특성을 배제한 채 소녀에게 유리하게 편성된 교육 체계와 내용에 있다고 보고, 이를 비판하는 데 집중한다. 교과 과정, 학습 자료, 교수법이 여성의 관심사에 더 부합하는 경향이 있다는 것이다.

하지만 소년의 학업 부진 현상 그리고 그 원인으로 추정하는 소년에 대한 학교의 부당한 대우와 관련된 근거들은 대부분 부분적 사실을 왜곡하거나, 다른 함의로 해석될 수 있는 쟁점이 있다. 남학생 학업 부진의 대표적인 근거로 제기되는 대학 진학률에서 남학생 비율은 현저하게 줄어든 것이 아니라 여전히 일정하게 유지되고 있으며, 여학생의 진학률이 증가해온 것으로 보는 게 타당하다. 국제 학업 성취 비교 지표에서 수학 분야의 성별 격차가 줄어든 반면 읽기·쓰기 능력에서 여학생이 앞선 것은 사실인데, 읽기·쓰기가 사회적으로 여성에게 더 높은 소득을 기대할 수 있는 취업 분야와 관련되어 있으며, 높은 가

치와 소득 보상이 따르는 수학·과학 분야에서는 남학생의 전공
취득률이 여전히 높다는 점을 고려할 때, 오히려 이 현상은 성
역할 고정관념이 지속되고 있다고도 해석될 수 있다.

　일각에선 교과 내용이 여성의 관심사를 중심으로 이루어졌
다고 주장하지만, 교과서의 내용과 삽화를 분석한 연구들에 따
르면 여전히 전통적인 성별 전형성을 탈피하지 못한 경우가 많
고, 여성보다 남성 재현율이 높다는 연구도 꾸준히 제출되어
왔다. 또한 '소년 위기' 담론에서는 높은 여교사 비율을 소년에
게 불리한 학교 환경으로 지적한다. 여교사가 남자아이들의 충
동이나 지나친 활동성을 싫어하기 때문에 학생과의 상호작용
에서 여학생이 유리하다는 것이다. 그러나 여학생의 성취 수준
이 낮았던 과거에도 교직은 전형적 여초 직군으로 여성 비율이
높았다는 사실을 외면한다는 점에서 그 해석은 자의적이다.

　소머스는 소년들이 학교에서 2등 시민이 된 이유가 신체 활
동을 축소시키고, 집중과 주의력을 요구하며, 위험을 기피하는
방향으로 바뀌면서 소년들의 감성과 멀어지고 그들에게 불리
한 환경이 조성됐기 때문이라고 주장한다. 하지만 이러한 변화
가 곧 소년에게만 불리하게 작용한다는 그의 주장은 발달과정
상의 차이를 성별화된 학습 방식의 차이와 매개 없이 연결시킨
다는 점에서 비과학적이다.

성별에 따라 다른 교육이 필요할까

'소년 위기' 담론에서 발견되는 가장 의미심장한 부분은 성차를 본질화하고 이에 따라 각기 다른 교육 및 학습 과정이 필요하다고 바라보는 인식에 있다. 어린 나이에 읽기·쓰기를 가르치는 것은 소녀들에게는 잘 맞지만 소년들에게는 불리한데, 기능적으로 뇌의 언어 영역은 다섯 살 남자아이와 세 살 여자아이가 흡사할 만큼 남녀 간 발달 속도와 순서가 서로 다르기 때문이라는 것이다. 신체활동 대신 읽기·쓰기에 중점을 둔 유치원 조기 교육이 어린이 교육에 위기를 가져왔을 뿐만 아니라 지난 30년 동안 교육 영역의 성별 격차를 악화시켰다는 것이 주장의 핵심 골자다.

이러한 담론들은 1990년대 말부터 한국사회에서 베스트셀러가 된 존 그레이의 『화성에 온 남자, 금성에서 온 여자』의 아동·청소년 버전이라 할 만한 이분법적 도식화를 증식한다. 소녀들은 보고 들으면서 학습하는 것을, 소년은 행동하고 활동적으로 참여하면서 배우는 것을 선호한다거나 여자아이들에게 쉬는 시간은 있으면 좋은 것이지만 남자아이들에게는 필수적이며, 도전과 승패가 분명한 팀 경쟁 체제가 남자아이들에게는 성장의 자극제가 된다는 식이다.

관습적 젠더 통념을 재생하는 이러한 성차 본질주의는 골상

학, 생리학, 내분비학을 주로 인용했던 과거와 달리 뇌과학과 신경과학 연구들을 더 많이 참조한다는 특징이 있다. 그러나 정작 해당 연구들은 남성과 여성 두뇌의 차이에 대한 일부 원칙들을 파악하기 위한 초기 단계에 진입했을 뿐, 학습과 교육의 차이까지를 과학적으로 설명하지는 않는다. 말하기와 읽기, 시간표 등을 암기할 때 남아와 여아 사이에 정신적 또는 신경적 처리 과정의 유의미한 차이가 있다고 말할 수는 없다는 것이다. 실제로 심리학, 사회학, 교육학에서 학습 방식의 성별 차이에 관한 연구가 광범하게 쏟아져 각기 다른 결과를 가지고 논쟁적으로 경합해왔지만, 소녀와 소년으로 이분화된 학습 전략의 차이를 보증할 수 있는 누적 지식은 없다.

다시 말해 남성과 여성 등으로 집단화하여 각기 다른 자질을 가진 별개의 집단으로 보고, 그에 따라 적합한 학습 내용과 방식을 적용할 수 있다는 가정은 거의 모든 연구에서 그 타당성이 입증되지 않았다. 소년과 소녀는 다르게 학습한다고 주장하는 마이클 거리언조차도 소년과 소녀의 차이만큼이나 소년 간, 소녀 간 차이가 크다고 인정하고 있다는 점이 이를 방증한다. 결국 신경과학의 미개척 상태가 젠더에 대한 가정을 투사하는 도구가 되고 있을 뿐, 발달과정의 차이를 교육 및 학습과정상의 차이와 아무런 매개 없이 연결시키고 있다는 점에서 이와 같은 담론은 유사과학에 가깝다고 할 수 있다.

보다 중요하게 지적되어야 할 점은 소머스가 언급한 일련의 교육 정책들은 그의 주장대로 남성성을 문제시하는 '성평등 운동'의 압력이 아니라, 학교교육에 시장 질서가 도입되어 경쟁 체제가 강화되면서, 학교에서 양성하고자 하는 시민 주체 및 시민적 덕성의 의미를 변화시켜온 과정과 훨씬 깊은 관련이 있다는 사실이다.

'소년 위기' 담론에서 불평등은 어떻게 삭제되는가

오늘날 불평등의 심화는 두드러진 현상이다. 여기에는 능력주의와 이에 기반해 증폭된 학력·학벌주의가 밀접하게 관련되어 있다. 불평등과 양육 방식의 관계를 연구한 도프케·질리보티는 오늘날의 교육에 시간과 자본 투자의 중요성이 확대되면서, PISA 점수가 부모의 양육 방식과 높은 상관도를 보인다고 분석한다. 1960~70년대의 허용형 양육 대신, '헬리콥터맘' 등으로 상징되는 어머니 중심의 집약적 양육이 늘어났고, 계층 간 양육 격차도 늘어나고 있으며, 이것이 다시 불평등을 악화시키고 계층 이동을 가로막는 장벽을 영속화하고 있다는 것이다.

이들은 불평등이 두드러진 나라에서 부모 역할이 증가한 것은 교육으로 인한 보상이 커진 것에 대한 합리적 대응이었다고 주장하면서, 대표적인 나라로 미국과 한국을 꼽는다. 알파걸의

코호트는 이 집약적 양육이 늘어난 1980년대 이후 출생한 여성들로, 킨들런 스스로도 인정했듯이 교육, 취업, 정신 건강 등 모든 면에서 경제적으로 유복한 가정 출신의 백인 여학생들이 대부분이다. 즉 알파걸은 노동시장에 존재하는 구조화된 성차별을 뛰어넘고자 하는 야심만만한 젊은 여성들의 개인적 노력만이 아니라, 계급화된 부모의 후원이 결합되어 나타난 결과다.● '소년 위기'와 '알파걸' 담론은 이러한 구조를 고려하기보다는 오로지 학업 성취 기준에 따른 성별 간 비교 잣대 경쟁yardstick competition●●으로 접근함으로써 경쟁교육 체제로 인해 빚어진 문제와 비용을 소녀와 여성에게 전가하고 있는 셈이다.

'소년 위기'와 '알파걸' 담론은 학업 수준과 이후 직업적 성취 간의 연관성을 거의 다루지 않는다. 소년이 학업에 실패하고 있다면, 이후 소득 수준에서도 여성보다 낮은지, 그 많은 알파걸이 '알파우먼'으로서 성공하는지에 대해서는 관심을 거의 기울이지 않는 것이다. 다만, 소머스는 인적자본론을 그대로 원용하면서 직업과 소득 영역에서 나타나는 성별 격차는 성차별이 아니라, 여성들이 소득 수준이 낮은 직종을 '자발적' 의지에 따라 합리적으로 선택한 결과이며, 이는 자폐증이 여성보다 남

● 배은경 (2009), '경제위기와 한국 여성: 여성의 생애 전망과 젠더/계급 교차', 《페미니즘 연구》, 제9권 제2호, 39–82쪽.
●● 다른 사람의 이득이 나의 손해이고, 서로가 서로를 밟고 올라가야 생존할 수 있다는 경쟁 감각을 의미한다.

성에게서 훨씬 더 흔한 것과 같은 선상에 있는 것이라고 주장한다. 따라서 공과대학이나 직업학교에서 성별 비례를 유지하도록 독려하는 할당제는 여학생들보다 남학생들이 본성적으로 수리공이고 건축가이며 조직가인 현실을 외면하는 반反소년 정책이라는 것이다.

소머스, 삭스 등 '소년 위기' 담론의 주창자들이 공통적으로 대안적인 학교 모델로 남녀가 분리된 단성교육single-sex education을 주장하는 것도 같은 맥락이다. 단성학교가 남녀의 특성에 맞게 교육할 수 있는 구체적인 해법이라는 것이다. 남녀 통합교육은 성평등한 교육 제도의 일환으로 제안되어왔지만, 남녀공학의 실효성에 대한 논란 또한 지속적으로 이어져왔다.[•] 관련 연구들은 여학생의 독자적인 교육 공간의 필요성을 역설하기도 했고, 젠더화된 학교 시스템으로 인해 남녀공학이 성별 고정관념을 희석시키기보다는 오히려 확고하게 만드는 문제를 지적하기도 했다. 이러한 논쟁의 초점은 학교교육이 학업 성취만이 아니라 성적 차이를 지닌 존재들의 공존의 의미를 탐색할 수 있도록 해야 한다는 데 있었다.

그러나 '소년 위기' 담론에서 단성교육을 주장할 때는 전혀 다른 쟁점과 방향성을 갖고 있다. 전국단성공립교육협회를 만

● 정해숙 · 최윤선 (2002), 「OECD국가의 성평등 교육 정책」, 서울: 한국여성개발원. 250쪽.

들 만큼 단성교육 정책을 적극적으로 추진해온 삭스는 단성교육이 소년들의 학습 관련 팀 경쟁을 자연스럽게 발전시켜 학업 성취에서도 긍정적인 결과를 이끌어낼 수 있다고 주장한다. 주장의 또 다른 근거로는 남녀공학에서 발생하는 성적 에너지를 단성교육에서는 통제할 수 있다는 점을 든다.

그러면서도 삭스는 성적 호기심으로 학업에 지장을 받는 일은 여학생보다는 남학생에게 더 문제가 된다고 본다. 흥미롭게도 이는 2005년 래리 서머스 하버드대 총장이 전미경제연구소가 주최한 회의에서, "여성이 과학적 성과가 적은 것은 선천적으로 남자보다 지적 능력이 떨어지고, 가족과 연애에 더 집중하는 여성적 사고방식 때문"이라고 했던 그 유명한 발언과 동일한데, 다만 성별이 바뀌어 있다.

이는 성적 호기심이 학업 성취에 미치는 영향을 성별화할 수 있는 근거가 취약할 뿐만 아니라, '소년 위기' 담론이 남녀 통합 교육의 목표와 가치에 대한 논의는 배제한 채, 오로지 학업 성취의 수월성을 위한 경쟁 시스템을 어떻게 담보할 것인지에 대한 강한 충동으로 귀결되고 있다는 점을 보여준다. 한국사회에서 여성의 대학진학률과 취업에 유리하게 작용하는 여고와 여대를 폐지해야 한다는 주장은 바로 이 거울상이라 할 수 있다.

이러한 맥락에서 '소년 위기와 알파걸' 담론은 '실패한 소년 대 성공한 소녀'라는 이분법적이고 대립적인 주체를 생산할 뿐만 아니라, 페미니즘을 낙후된 것으로 낙인찍고 성평등을 탈정치화한다. 킨들런은 알파걸을 "운명의 주인이자, 성공과 실패 모두가 자신에게 달려 있다는 믿음을 가진 소녀"로 칭송하면서, 이들이 스스로를 페미니스트가 아니라 평등주의자로 자임하고 있음을 강조한다. 페미니즘을 평등주의와 분리시키는 한편, 성평등을 정치적 의제가 아니라 개인의 노력과 의지, 의식 개선을 통해 달성되는 능력주의적 의제로 재정의하는 것이다.

소머스가 페미니즘에 의해 '소년다움'이 사회적 질병으로 취급되어왔다고 주장하면서, 소년다움을 위한 도덕교육과 인성교육을 제안한 점도 징후적이다. 소머스는 이를 '위대한 재학습'이라 부르는데, 평등을 위해서는 남녀가 본질적으로 각기 다른 특징을 가졌음을 인정하는 학습이 다시금 시작되어야 한다는 것이다. 전통적 성별 고정관념을 재소환해 지배문화의 구조적 문제를 남녀 개인의 덕성 문제로 치환한다는 것, 또 능력주의에 기반한 경쟁적 교육체제의 문제를 개인의 자질과 성별 문제로 인식하고 있다는 점, 오늘날 페미니즘이 도전해야 하는 교육 담론의 핵심 지형이 여기에 있다고 할 수 있다. ◼

아들 키우는 법, 따로 있다?

이 서 리

일하면서 두 아이를 키우는 엄마. 책과 이야기를 좋아한다.
부글거리는 생각들을 오래오래 들여다보며 읽고 쓰고 싶다.

조리원 산모들의 대화

5년 전, 산후조리원에 있을 때 일이다. 여느 날처럼 수유실에서 다른 산모들과 수다를 떨던 중 한 엄마가 말했다. 임신 후 아이가 딸이라는 걸 알았을 때 반갑기도 했지만 한편으론 아들에 비해 걱정할 일이 많을 것 같은 예감이 들었다고. 같이 있던 산모들은 모두 그 이야기에 고개를 끄덕이며 동의하는 분위기였다. 자신이 안고 있는 아이의 성별에 관계없이 모두, 여자아이는 남자아이보다 더 위험에 노출될 수 있어 걱정이라는 인식을 공유하고 있었다.

그러나 여자아이가 왜 걱정할 일이 많은지에 대해서는 아무도 입을 떼지 않았다. 어쩌면 모두가 알고 있지만 외면하고 싶은 불편한 진실이었을 수도 있다. 여자아이를 위험에 빠뜨리는 수많은 일 중에서 가장 두려운 것이 바로 성과 관련된 사건이라는 사실, 성범죄 가해자의 절대다수가 남성이며 성범죄를 저지르는 연령대가 갈수록 낮아지고 있다는 사실, 그로 인해 어린 여자아이들이 피해자가 될 가능성 또한 높아진다는 사실 말이다. 아들 쌍둥이에게 수유하고 있던 나는 진실을 은폐하는 듯한 침묵을 견디는 것이 불편해 모두가 조용한 가운데 굳이 한마디를 보탰다.

"그러니까, 남자아이들이 여자아이들을 해치지 않도록 키우는 게 중요하겠죠. 여자아이들이 위험해지는 건 대부분 여자를 함부로 대하는 남자들 때문이니까요."

순간, 뜨끈하던 수유실의 공기가 싸늘해졌다. 어색한 분위기 속에 긴 침묵이 흘렀다. 아, 방금 내가 무슨 말을 한 걸까. 너무 잘난 체했나? 하지만 나는 아들엄마다. 아들엄마가 아들을 가해자로 키우지 말아야 한다고 말하는 게 이토록 분위기 깨는 일인 걸까? 누구나 동의할 만한, 아주 당연한 말을 했을 뿐인데. 딸 가진 양육자가 하는 걱정에 대해서 아들엄마는 어떤 말도 할 수 없는 걸까. 기껏 공감한답시고 "딸이라서 걱정되시겠네요(우리 애는 아들이라 그런 걱정을 덜 해도 돼서 다행이에요)"라고 응수할 수도 없는 노릇 아닌가.

수유실에서의 불편한 대화를 어떻게 매듭짓고 다른 화제로 미끄러졌는지는 기억나지 않는다. 하지만 그때 가졌던 의문은 오랫동안 지워지지 않았다.

피해자가 되지 않게 조심시키는 것과 가해자가 되지 않게 조심시키는 것은 무엇이 다를까. 가해자가 되지 않게 조심시키는 일이 성별에 따라 달라져야 하는가. 아이가 가해자가 되지 않도록 키우는 일은 오로지 아들엄마만의 몫일까. 이러한 내 생각이 남자아이들을 '잠재적 가해자'로 취급하는 것일까. 나는 '모성'이 부족한 자격 미달 엄마인가. 이 나라에서 태어난 남자아이들을 '한남 유충'이라고 모욕하는 이들과 나는 분리될 수 있을까. 분리할 수 있다면, 그 분리는 어떻게 가능할까.

아들이라 힘들겠다고요?

전혀 다른 이야기도 있다. 두 아이를 유아차에 태워 동네를 돌아다니다 보면 으레 이런 말을 듣는다.

"아들 쌍둥이예요? 아유, 엄마가 너무 힘들겠네."

사람들 눈에 어린 남자아이를 둘이나 동시에 키운다는 사실은 마치 매일 무고하게 벌을 받는 것처럼 비치는가 보다. 나의 처지가 한순간에 처음 만난 타인에게 점쳐지고, 나는 내 의사와 상관없이 '확실하게' 불행한 사람이 된다.

"셋째 낳아야겠네. 딸은 하나 있어야지."

멋대로 점쳐진 내 불행에다 위로랍시고 이런 말을 건네는 이들도 종종 있다. 마치 내가 셋째를 낳기로 결심만 하면 성별을 지정해서 딸을 얻을 수 있기라도 한 것처럼. 인간의 능력 밖의 일이라는 것을 그들도 모르지 않으면서 말이다. 딸 둘은 '금메달'이고 아들만 여럿이면 '목메달'이라는 무서운 농담도 심심치 않게 듣는다. 아들 셋을 둔 엄마는 이번 생에 지옥같이 힘들었으니 죽으면 천국에 갈 거라는 말을 우스갯소리 삼아 자조적으로 건네기도 한다.

딸이 태어나면 내 모든 불행(이 불행의 정체가 무엇인지 모르겠다. '목 매달'고 싶을 정도의 불행? 지옥같이 힘들어서 천국행이 보장될 정도의 불행?)이 상쇄되기라도 하는 걸까? 그들에게 내내 이렇게 묻고 싶었다. "딸을 낳기만 하면 정말로 행복해지나요?" "딸 때문에 불행하고 힘든 사람은 아무도 없나요?" 걱정인지 위로인지 알 수 없는 그들의 말에는 아들이 절대로 줄 수 없는 어떤 긍정적 경험이 있다는 것, 그 행복은 딸만이 줄 수 있다는 약속 내지는 믿음이 전제되어 있었다.

유감스럽게도, 나는 그런 말을 믿지 않는다. 그러므로 내게 셋째란 UFO 같은 존재다. 어딘가에 아주 적은 가능성으로 존재하지만, 거의 백퍼센트에 가까운 확률로 내 인생에 나타나지 않을 존재. 불편한 상황을 초래하기 싫어서 애써 사회적 미소를 유지하며 셋째 생각은 없다고 적당히 둘러대면 또 이런 말이 따라붙는다.

"딸이 얼마나 좋은데. 아들 키우는 거랑 딸 키우는 거랑은 천지 차이야. 엄마한텐 딸이 있어야 해!"

그들의 말에 악의는 없다. 악의는커녕 오히려 선의에 가깝다. 아들만 둘을 키워야 하는 나에게 딸이 주는 행복이 얼마나 충만한지를 일깨워주려고 애쓰는 낯선 사람들. 이런 상황을 나 혼자만 겪지는 않을 것이다. 여러 사람들이 내게 똑같은 말을 건네었던 것으로 보아 이는 사회 전반에 널리 퍼져 있는 어떤 인식과 맞닿아 있다. 5년 전, 산후조리원에서 차마 입 밖으로 내지 못했던 산모들의 생각과도 이어져 있을 것이다. 아들을 키우는 일과 딸을 키우는 일은 본질적으로 다르며, 아들을 키우는 일이 딸을 키우는 일보다 훨씬 더 힘들다는 인식. 딸 키우는 양육자는 딸을 위험으로부터 지켜야 하며 아들을 키우는 양육자는 그런 이슈에 대해 그저 입을 다무는 것이 최선이라고 암묵적으로 합의된 문화.

하지만 내가 보기에 육아의 난이도는 단순히 성별로만 판가름나는 것 같지 않았다. 남자아이든 여자아이든, 혹은 아이가 하나든 둘이든, 육아는 아이의 기질과 양육자의 기질, 처지 등 다양한 요인으로 인해 어려워지기도 하고 수월해지기도 했다. 성별에 따라 육아 난이도가 달라진다기보다는 발달에 따라 각 시기마다의 어려움이 달라지는 것 같았다. 사람들은 내게 둘 다 아들이라서 힘들겠다고 걱정 어린 말을 건넸지만 두 아이 키우는 다른 엄마들보다 특별히 더 힘들다고 느낀 적은 없다. 당연히 육아는 힘들지만, 사람들의 걱정은 우리 아이들이 순한 기질로 태어났다는 걸 모르고 하는 말이었다.

그렇다면 아들 키우기와 딸 키우기가 다르고, 아들 키우기가 딸 키우기에 비해 훨씬 힘들다는 말은 무엇을 전제로 하고 있을까? 그 전제는 어떤 근거로 뒷받침되고 있으며, 그 근거는 과연 타당할까?

아들교육 전문가의 등장

'아들맘'의 고충을 세심하게 어루만지고 그들이 맞닥뜨리는 현실 육아의 문제들을 명쾌하게 진단하고 처방하는 '자칭' 아들 육아 전문가가 있다. '자라다남아연구소' 및 '아들연구소' 대표 최민준 씨다.● 아이를 임신하고 성별을 알게 된 시점부터 인스타그램과 유튜브 알고리즘은 꾸준히 그의 강연이나 영상의 일부를 보여주었다. 남자아이를 키우는 일이 무엇인지 경험해보기도 전부터, 아들 키우기는 딸 키우기와는 분명히 다르다는 메시지를 계속해서 주입받아온 셈이다. 소셜미디어 알고리즘은 사람들이 주목하는 콘텐츠를 더 많은 사람들에게 노출시키고, 알고리즘에 의해 더 널리 전파될수록 그 메시지는 자명한 진실로 인식된다.

'아들맘'이라는 키워드로 인터넷 검색을 해보면 '아들육아'에 대한 고민이나 하소연을 토로하는 양육자들의 글부터, 그들의 고민에 응답하기 위한 반응으로 '아들 키우는 법'에 관한 조언이나 지침들, 관련 책을 다룬 서평에 이르기까지 수많은 정보들이 쏟아진다. 최민준 씨는 이러한 고민을 예민하게 감지하

● 자라다남아연구소는 '남자아이는, 다르게 가르쳐야 합니다!'라는 슬로건으로 6~13세 남자아이들만 가르치는 미술학원이다. 아들연구소는 회원 4만 명이 넘는 네이버 카페와, 팔로워 16만 명이 넘는 인스타그램 계정, 팔로워 5만 명이 넘는 페이스북 계정을 갖고 있다. 홈페이지 '아들엄마 전용 상점 아들연구소'에서는 아들엄마를 대상으로 다양한 상품들을 판매하고 있다.

고, 그 고민에 대한 답을 개인적으로 치열하게 연구한 사람 중 하나일 것이다. 그가 오늘날 수많은 아들엄마에게 인기를 얻고 강한 영향력을 행사하게 된 것은 이 사회에 결핍되어 있는 내재적 문제를 다루기 때문일 것이다. 대부분의 육아 인플루언서는 양육자의 불안을 먹고 자란다. 그의 인기 또한 아들엄마들의 고민과 불안을 양분 삼아 자란 셈이다.

그는 『최민준의 아들코칭 백과』에서 이렇게 말한다. "실제로 남성과 여성에게는 많은 차이가 있습니다. 우리는 흔히 남녀의 차이를 '신체의 차이' 정도로만 알고 있지만 더 중요한 차이는 '뇌', '호르몬', '염색체' 등에 있습니다."(33쪽) 뇌, 호르몬, 염색체에 성차가 있다는 말은 마치 남녀에게는 아주 본질적이고 영구불변하는 차이가 존재한다고 과학이 명쾌하게 증명해낸 것처럼 보인다. 그의 이런 주장은 소위 '아들 전문가'라는 수많은 사람들이 육아 방식이 성별에 따라 달라져야 한다는 주장을 뒷받침하는 데 사용하는 근거이기도 하다. 하지만 이 책의 어디에서도 이러한 사실이 어떤 연구나 이론에 근거하고 있는지 찾아볼 수 없었다.

최근 과학계에서는 남녀의 성차에 관한 그간의 이론이 틀렸거나 틀릴 수도 있음이 속속들이 드러나는 연구 결과가 발표되었지만 그다지 주목받지 못하는 듯하다. 과학기술학 연구자 임소연은 오랫동안 편견과 고정관념에 사로잡혀 있던 과학을 새로운 관점에서 조명하고 과학 연구의 새로운 동향을 소개하는 저작 『신비롭지 않은 여자들』에서 뇌의 성차에 관한 흥미로운 연구 결과를 소개한다.

신경과학자인 다프나 조엘은 서로 중첩되는 부분이 많은 남녀의 뇌를 가리켜 '모자이크 뇌'라는 새로운 개념을 제안한다. 모자이크는 흔히 여성과 남성의 특성으로 구분되는 여러 특징이 한데 뒤섞인 상태가 인간의 뇌라는 점을 강조하는 표현이다. (…) 2015년 조엘이 이끄는 연구진은 성인 1400명의 뇌 MRI를 근거로 인간의 뇌를 116개 부위로 나누고, 그중 남녀 차이가 가장 큰 상위 10개 부위를 골라 각각 여성형, 남성형으로 분류했다. (…) 인간의 뇌에 여성의 뇌와 남성의 뇌라는 구분이 원래부터 존재한다면 남녀의 뇌에서 여성형 부위와 남성형 부위의 성별 분포가 둘 중 하나로 일관되게 관찰되어야 한다. 하지만 그런 일관성을 보인 뇌는 전체 가운데 6퍼센트에 불과했다. 인간의 뇌를 두 성별로 나눌 수 있다고 말하기에는 너무나 적은 수치다.(45~46쪽)

조엘의 연구는 뇌를 성별에 따라 구분할 수 있다는 주장을 정면으로 반박한다. 개개인의 뇌는 남성의 뇌, 여성의 뇌로 말끔히 구분되지 않는다. 아이들이 보이는 기질과 선호 역시 성인 남성과 여성의 '모자이크 뇌'처럼 사회적으로 남성적이라고 여겨지는 요소와 대체로 여성적이라고 받아들여지는 요소들이 뒤섞여 있다.

나의 두 아들을 보면 보육기관을 다니기 전부터 지금까지 남성적 혹은 여성적이라 여겨지는 성향이 혼재한다. 첫째는 자기주장이 강하고 한 가지 일에 몰두하면 주변을 잘 살피지 못하며 정적인 것보다 동적인 활동을 훨씬 좋아하지만, 동시에 "엄마, 보고 싶었어요", "사랑해요" 같은 말이나 스킨십을 자주 하고, 부드러운 이불과 말랑말랑한 인형, 분홍색을 좋아한다. 둘째는 다른 사람의 눈치를 잘 살피고 수줍음이 많으며 신체 활동보다는 앉아서 그림을 그리거나 가위질 하는 걸 더 좋아한다. 하지만 동시에 분홍색이나 인형은 거들떠보지도 않으며 스포츠카를 종류별로 모으고 남자아이들 사이에서 유행하는 모바일 게임에 나오는 험악한 인상의 캐릭터를 멋지다고 생각한다. 둘째가 좋아하는 색깔은 주로 진한 파란색 계열 색깔과 검정색이다.

다른 집 아이들을 봐도 이런 사례는 수없이 들 수 있다. 아이뿐 아니라 어른들도 그렇다. 남성이라고 해서 남성적인 사고방식이나 행동양식만을 가지고 있지는 않다. 완벽히 남성성에 부합하는 남성도, 여성성에 부합하는 여성도 없다. 그렇다고 믿는 우리의 신념이 사회적으로 공고하게 존재할 뿐이다.

'남자아이' 상자, '여자아이' 상자가 왜 필요할까

그렇다면 우리가 경험하는 남녀의 차이, 남자아이와 여자아이의 차이는 어디에서 오는 걸까? 예외가 있다고 하더라도 대체로 남자아이들은 여자아이들에 비해 더 활동적이고 덜 사회적이며 공룡이나 곤충, 칼싸움을 좋아하는 경향이 있지 않은가? 아이의 미래는 유전자와 부모의 양육에 책임이 있다는 우리 문화의 견고한 신화에 균열을 내는 책『양육가설』에서 그 의문에 대한 실마리를 찾을 수 있다.

저자 주디 해리스는 어른들에 비해 더 성별에 따라 구분되는 행동을 하고 다른 성별을 배제하며 동성 친구들과 더 어울리려는 아이들의 (어른보다 더 성차별적인) 경향에 주목하면서, 아이들이 그러한 모습을 보이는 것은 각각의 성별 또래집단, 즉 '남자아이'와 '여자아이'라는 또래집단으로 범주화하여 사회화되기 때문이라고 주장한다. 예를 들어 남자아이는 자신과 더 유사해 보이는 또래집단의 행동을 모방하고, '여자아이'에 속하는 것처럼 보이는 행동과 자신의 행동을 구분지음으로써 또래집단에의 소속감을 확고히 하는 방향으로 사회화된다는 것이다. 그 과정에서 여자아이와 뚜렷이 구분되는 성향이나 취향, 행동양식을 학습하게 된다고 말한다. 성차로 인식되는 경향적 차이는 태어날 때부터 전적으로 결정되어 있는 것이 아니며 그들의 놀이 방식, 취향 그리고 사회가 그들을 대우하는 방식 등이 또래집단에 영향을 미친다는 것이다.

이 지점에서 결국 양육 담론에 있어서 '본성이냐 환경이냐'라는 뻔하고 오래된 질문으로 되돌아오게 된다. 어쩌면 이 질문의 답은 본성과 환경, 기질과 양육, 유전자와 문화의 이분법으로는 결코 포착될 수 없는 모호한 지점에 있을지도 모른다. 나는 이 뻔하고 오래된 질문에 최종적인 답을 내놓으려는 시도보다는, 이 질문이 계속 풀리지 않고 남아 있는 현상에 주목하고 싶다. 이 질문의 답을 구하려고 애를 쓰다가 놓쳐버린 무언가가 있지는 않을까. 남녀의 성차가 본질적인지 아닌지를 증명하려다가 정작 양육에서 진짜 중요한 것을 놓치고 있지는 않은

가. 남녀가 타고나는 성향이 다르다고 구분 짓는 사회적 메시지는 '남자아이'라는 또래집단에 어떤 영향을 미치고 있을까.

아들연구소의 인스타그램 계정 이름이자 사이트 주소이기도 한 'boxforboys'라는 표현은 무척 의미심장하게 다가온다. '소년들을 위한 상자'가 함의하는 바는 무엇일까. '상자'는 무언가를 담는 도구다. 여러 가지 물건들을 한 상자에 담는 행위는 일정한 기준에 따라 사물을 분류하고 단순화하는 행위이기도 하다. 깔끔하고 단순한 해법은 매력적이다. 내 아이의 문제를 단순히 성별 때문이라고 치부하는 일은 쉽고 간명하며, 단기적인 해결책을 제공받기도 수월하다. 이러한 믿음에 편승하여 고민에 빠진 아들엄마들에게 일종의 '처방'을 제공하려는 이들이 도처에 널려 있기 때문이다.

그러나 '남아'와 '여아', '남성'과 '여성'에 속하는 개개인은 그가 속한 집단이 공유하는 공통점보다 그들 사이의 차이점이 훨씬 더 많다. 남자아이와 여자아이 집단의 평균적인 차이보다, 남자아이(여자아이)들끼리의 차이가 훨씬 더 크다는 의미다. 이렇게 서로 다른 아이들을 '남자아이' 혹은 '여자아이'라는 상자에 넣음으로써 남녀 간의 차이를 생산하고 공고히 해서 개개인의 다양함을 지워버리는 일이 양육의 목적은 아닐 것이다. '사회'라는 하나의 상자에서 아이들이 성별과 관계없이 다양하고 고유한 각자의 특성을 살리면서 서로 조화를 이루며 살아갈 수 있도록 길러내는 일이 양육의 목적 아닐까. 5년 전, 수유실의 어색한 분위기 속에서 차마 꺼내지 못했던 말이 무엇인지 알 것 같다. 모든 아이들을 안전하게, 각자의 다양성을 존중하는 건강한 시민으로 길러내고 싶다는 소망이 아니었을까.

아이들을 각각 '남자아이'와 '여자아이' 상자에 넣어버리면 문제는 단순해지고 해법도 간단해지는 것 같지만, 동시에 그 상자에 들어맞지 않는 상당히 많은 부분을 덮어버린다. 게다가 그 상자는 낡았다. 우리는 모든 사람을 정확히 남성과 여성이라는 두 범주로만 구분할 수 없다는 사실을 수없이 목격하고 있다. 생물학적 성이 남성 혹은 여성으로 명확히 구분되지 않는 간성적^{intersexual} 존재나, 생물학적 성과 자신의 성정체성이 일치하지 않는 트랜스젠더, 성정체성을 여성 혹은 남성으로 확정할 수 없는 논바이너리 등은 이러한 이분법이 얼마나 낡고 구멍이 많은 상자인지를 일깨워준다. 설명할 수 없는 구멍이 너무 많다면 그 상자를 의심해야 한다. 우리에게는 더 큰 상자, 열린 상자를 찾는 일, 어쩌면 상자 자체를 없애는 일이 필요한 건 아닐까. ✒

남성들을 위한 성교육, 희망을 보다

_ '남다른성교육연구소'를 만나다

남자들의 젠더 감수성이 떨어진다며 교육의 중요성을 강조한다. 하지만 현실은 어떨까. 입시 틈바구니에서 의무로 지정된 연간 15시간을 채우기도 어렵고, 그마저 듣거나 말거나 강의식으로 진행되는 경우가 많다. 교육, 인권, 철학과 윤리를 아우른 포괄적 성교육을 제대로 접할 기회는 거의 없다. 이런 현실을 넘어서고자 남성청소년에게 특화된 성교육을 연구하고 실천하는 '남다른성교육연구소'가 2024년 1월 문을 열었다. 고상균 소장을 만나 남성청소년 성교육과 젠더 문제에 관한 이야기를 나누었다. _ 편집실

올해 1월 연구소를 시작하셨는데, 남성청소년 성교육을 고민하던 분들에겐 반가운 소식이지 싶습니다. 연구소 문을 열게 된 계기가 궁금합니다.

말씀하셨듯이 한국사회에서 남성, 남성청소년 그리고 남자청년 관련한 이슈가 중요하게 대두되고 있는 것 같아요. 서울 경기권에서 활동하는 성교육 활동가, 성소수자 인권 활동가들이 매월 모여서 서로 정보를 공유하는 느슨한 모임이 있었는데요. 2020년, N번방의 텔레그램 성착취 사건이 드러났을 때 다들 정말 충격을 받았어요. 사회적 파장도 컸지만, 저희는 성교육 관계자들이잖아요. 공교육 현장에서 성교육을 시작한 지 수십 년이 됐는데 어떻게 이런 일이 발생할 수 있을까, 거의 말을 잇지 못했죠. 그래도 뭔가 해보자는 몇몇 분들의 제안으로 우선 남성청소년에 대한 공부 모임을 시작했습니다.

　그러면서 남성청소년이 성교육 강사들의 기피 대상 1호라는 사실을 알게 되었어요. 남고는 정말 가고 싶지 않다, 공학일 경우에는 관심 없는 남학생들은 내버려두고 적극적으로 호응하는 여학생들 위주로 수업하며 위로받다가 온다, 이런 실정이었죠. 또 하나 알게 된 건 지금 현장에서 진행되는 성교육 프로그램들이 효과적이지 않다는 거예요. N번방 같은 사건이 발생하면 성폭력 예방 교육이 급히 편성되지만, 그 내용을 보면 남학생들에게는 그러다 범죄자 된다, 여학생들에게는 조심해라, 이렇게 펜스룰을 강화하는 식으로 흘러가는 경우가 많아요. 그러면 여학생들은 남자들에게 경계심과 적대감을 갖게 되고, 남자들은 "우리가 다 가해자란 말이냐" 하고 반발하게 되죠.

기존에 진행된 성교육은 남학생들에게 '남자가 문제다, 여자들을 위해 너희가 변해야 한다' 이렇게 들리는 것 같아요. 남자들하고 상관없는 여자들의 권리 주장으로 여기는 상황이 생기는 거죠. 이에 대해 고민하다가 남성청소년에게 특화된, 친화적인 성교육 프로그램을 만들어 접근하는 게 필요하겠다는 결론에 이르렀습니다.

2021년부터 중1, 2 남학생을 위한 성교육 강의를 진행하다가 중3, 고1 프로그램까지 확대하면서 당사자 교육도 중요하지만 양육자, 매개자까지 아우를 수 있는 교육, 관련 분야에 대한 체계적 연구가 필요하다는 공감대가 형성되었어요. 그래서 올해 1월 연구소를 출범하게 되었습니다.

연구소는 성교육 강사, 연구자 그리고 성평등 활동가 이렇게 세 주체가 모여 있어요. 현장에 나가는 강사가 있고, 대학 교수를 중심으로 한 연구진들이 교육 현장에서의 이야기로 연구 결과물을 도출하고요. 성교육의 방향에 대해서는 성평등 운동을 하는 현장 활동가들이 한 축을 이루고 있죠.

남성청소년이라는 대상에 대한 연구, 그리고 그들을 위한 교육 내용에 대한 연구를 같이 하셨을 텐데 결과는 어떤가요?

확실한 건 남성청소년의 성인지 감수성이 여학생에 비해 현저하게 떨어진다는 거예요. 통계를 보면 초등 6학년 정도까지는 차이가 크게 나타나지 않아요. 그런데 중학교에 가면 여학생은 계속 상승세를 타고, 남학생은 극단적으로 떨어지기 시작합니다. 고등학교에 들어가면 낮은 성인지 감수성이 강력한 저항으로 이어지는 현상이 발생하는 경우도 많습니다.

청소년을 둘러싸고 있는 가장 가까운 환경인 가정 그리고 그 주변에 학교나 미디어 같은 다른 사회적 영역이 있잖아요. 6학년을 지나면서 이들 영역에서 남성성을 강조하는 분위기가 강화되는 것 같아요. 이를테면 시험 성적이 떨어지면 양육자가 "너 나중에 처자식 거둬 먹일 수 있겠냐?" 이런 말을 하는 거예요. 운동을 별로 안 좋아하면 "너 남자답게 밖에 나가서 운동도 하고 좀 그래야지" 이런 얘기를 하고요. 할머니, 할아버지와 함께 사는 아이들은 더 가부장적이고 전통적인 성별 고정 관념을 학습하게 되는 경우도 있는 것 같습니다.

제한된 시간에 개개인에게 수준을 맞추기 어렵기 때문에, 어느 정도 알고 있다 생각하고 강의를 진행하다 보면 남성청소년 상당수는 무슨 얘기인지 못 알아듣는 경우도 많아요. 중1, 2 남학생에게 섹슈얼리티, 페미니즘 이런 얘기하면, "그게 뭐예요? 페미니즘 나쁜 거 아니에요?" 이런 정도의 반응을 많이 보이죠. 반면에 같은 연령대 여학생들은 많은 경우 이 문제에 심각하게 고민해온 터라, 내용을 바로바로 알아듣고 빠르게 이해해요. 이러면서 둘 사이의 격차는 점점 벌어질 테고요.

이런 격차를 이대로 방치해서는 안 된다고 생각합니다. 만약 국영수 과목에서 이렇게 여학생과 남학생의 편차가 크다는 데이터가 나오면 아마 교육계에서도 가만히 있지 않을 겁니다. 남학생들에게 보충 수업을 시키거나 아니면 교과 내용을 수정하겠죠. 그런데 성교육은 정규 교과가 아니고, 평가를 하는 것도 아니고, 일 년에 몇 시간만 채우면 되니까 손 놓고 지나가버리는 거예요. N번방, 딥페이크 같은 범죄가 왜 한국에서 이렇게 빈번하게 발생하느냐에 대한 질문을 많이 받는데요. 이는 결과일 뿐 원인은 바로 이 같은 상황에서 발생하고 있다고 생각합니다.

자체 개발한 남성청소년 특화 성교육은 기존의 성교육과 어떤 점이 다른가요.

기존의 성교육들이 어땠는지 학생들한테 물어보면 강의식이었다는 얘기를 가장 많이 해요. 법정 교육 시간이 정해져 있지만 학교 재량으로 진행되기 때문에 전교생을 모아서 한꺼번에 해야 되는 경우도 있고요. 어떤 학교는 학생들은 교실에 앉아 있고 강사 혼자 조그만 방송실에서 강의하면 영상으로 송출하는 경우도 있어요. 보건 교육이나 단편적인 성지식 혹은 성폭력 예방 교육에 집중돼 있는 경우도 많죠.

저희가 특화한 성교육은 기본적으로 연애처럼 학생들이 관심 가질 만한 주제를 매개로 함께 참여할 수 있는 방식으로 진행합니다. 우리가 가진 맨박스를 해체하고 진정한 남성성을 찾아보자, 남성성이란 무엇인지 같이 생각해보자, 이런 주제로 수평적인 대화를 추구해요. '상남자' 같은 표현을 아무렇지 않게 쓰는 왜곡된 남성성에 대해 살펴보거나, 함께 대화하면서 동의 절차를 구하는 것이 멋있는 연애라고도 설명하죠. 그런 멋진 관계를 사회적으로 넓혀서 사회가 평등해지는 게 페미니즘이다, 페미니즘은 여성 이야기를 하고 있지만 사회의 불공정하고 불평등한 부분을 살펴서 남성청소년을 포함한 우리 모두가 잘 살자는 것이다, 이렇게 쉽게 설명을 하죠. 그 과정에서 게임을 하거나 모둠별로 토론하고 시나리오를 쓰는 방식으로 참여 활동 위주 프로그램을 진행하고 있어요.

이런 성교육을 할 때 기피 대상 1호라는 남학교 수업의 풍경이 궁금합니다. 참가자들의 반응은 어떤가요.

중1, 2는 4차시, 중3, 고1은 3차시를 기본으로 하지만 현장에서 시간 확보가 쉽지 않을 땐 대개 2차시로 진행되는데요. 2차시 정도만 해도 변화가 눈에 보여요. 페미니즘이 나쁜 건 줄 알았는데 그런 게 아니라는 걸 알았다, 같은 피드백이 오기도 하고요. 쉬는 시간에 자기들끼리 "네 머리를 때려도 되겠니?", "싫은데!", "그래, 그럼 내일 다시 물어볼테니 대답해줄래?" 하면서 동의 절차에 대해 배운 걸로 장난치는 모습도 보여요. 그것도 하나의 변화라고 생각합니다.

남성청소년들을 직접 만나기 전에는 뭔가 통제되지 않는 반인반수 모습이 아닐까 이런 생각을 하기 쉬운데, 실제로 만나보면 그냥 평범한 청소년들이에요. 얘기를 풀어가다 보면 "우와, 몰랐어요" 이런 반응들이 정말 많아요. 그럴 때 보람도 있지만 한편으로 마음이 아파요. 그동안 이런 정도도 알려주지 않았구나 싶은 거죠.

2021년 서울시의 한 통계 자료를 보면 초중고 학생들에게 "지금까지 가장 유의미한 성교육 정보를 어디에서 얻었는가"라고 물었을 때 가장 많은 수가 "학교에서 들은 외부 강사 강의나 성문화센터에서 진행한 교육"이라고 답해요. 우리는 그들이 온라인이나 주변 친구들에게서 성을 배울 거라고 생각하잖아요. 유튜브나 친구, 선후배가 하는 얘기가 재밌긴 한데 그게 양질의 정보는 아닌 것 같다는 걸 본인들도 알고 있는 거죠. 그런 이야기들을 들으면서 비록 시간은 부족하지만 잘 준비해서 진행하면 2회 정도라도 굉장히 의미가 있겠구나 생각하게 되었습니다.

청소년을 만나는 양육자, 교육자, 매개자에게 남성청소년에 대한 이해를 돕는 강의도 하고 계신데요. 그분들의 가장 큰 고민은 무엇인가요? 주로 어떤 내용을 알고 싶어 하시는지요?

가장 많이 하시는 고민이 "아이랑 대화가 안 돼요"예요. "아이한테 뭐라고 말을 해야 될지, 어떻게 말을 걸어야 될지 모르겠어요"라는 고민이 정말 많은데요. 중요한 건 어떻게 말을 걸 건가가 아니에요. 아이 입장에서 양육자가 내 얘기를 들어줄 수 있는 사람이라고 생각되면 먼저 말을 걸어올 겁니다. 그러니 첫걸음은 '저 아이를 어떻게 해야 할까'가 아니라, 내가 아이에게 어떤 사람인지부터 먼저 살필 필요가 있지 않을까 싶어요.

성교육에서도 양육자 스스로 나는 성평등한 사람인가를 돌아보는 게 먼저죠. 자신도 모르게 습관처럼 '여자애처럼 굴지 말라'거나, '사내자식이 그러면 안 된다'거나 하는 말을 하진 않았는지 살펴야 하죠. 그리고 양육 공간으로서 우리 집의 양육자들은 성평등한가도 살펴야 해요. 가사노동과 의사결정 과정 같은 부분에서 평등한가. 아이에게도 그래야 한다고 말하고 있는가. 평등한 문화가 형성되어 있다면 식탁에서 당연히 아이는 입을 열 거예요. 그 자리가 위계적이라고 느끼면 '어차피 대화가 안 될 거고 잔소리나 할 건데 뭣하러 얘기를 꺼내나' 이런 생각을 하게 되는 겁니다.

그래서 양육자들에게 '성평등한 삶의 자리 만들기', '성평등한 학교 만들기', '성평등한 양육 공간 만들기'를 제안하는데요. 청소년이 속해 있는 공간이 성평등할 수 있도록 만드는 것이 매개자, 양육자가 해야 될 가장 중요한 역할이라고 강조하는 편입니다. 양육자들 입장에서는 쉽지 않은 자리이기도 해요. 분위기가 무척 무거워지기도 하죠. 가끔 반발하는 분도 있고, 우는 분도 계시고요.

최근에는 홀로 남자아이들을 키우는 여성 양육자가 찾아오셨어요. 아이에게 어른 남성 모델을 보여주기가 어려운데 어떻게 양육해야 할지 모르겠다고 문의해오셨죠. 반대로 혼자서 삼형제를 키우는 남성 양육자가 아이들과 함께 성교육을 받으러 오시기도 했어요. 아이가 "아빠도 엄마랑 섹스해서 우릴 낳았어?" 이렇게 묻는 말에 당황해서 윽박지르고 끝났는데, 곰곰이 생각하니 교육이 필요하겠다며 찾아오셨다가 네 부자가 서로 이해하고 화해하는 시간을 갖기도 했죠.

교육활동 중에 가해자 교육이 있는데요. 이들은 어떤 경로로 연구소와 연결되는지요? 교육 사례도 궁금합니다.

학교나 가해자의 부모님이 직접 의뢰하시기도 하고, 지역의 성
문화센터를 통해 의뢰가 들어오기도 해요. 초등 1학년부터 고
등학교 2학년까지 연령대도 다양하고, 개인적인 가해, SNS를
통한 집단적 가해 등 유형도 여러 가지죠. 필요에 따라 심리상
담이나 심리검사를 병행하기도 해요. 연령이 낮은 학생은 4회
이상의 가해자 교육, 2회 이상의 양육자 상담이나 교육을 반드
시 하도록 제안하고 있습니다. 어릴수록 양육자가 연동되는 경
우가 많아요. 예를 들어 여성의 특정 신체부위에 집착해 사진
을 찍는 초등 남학생이 있었어요. 페티시는 특정 시기의 결핍
에 의한 일종의 고착 현상으로 나타나기도 하거든요. 그럴 경
우 양육자와 상담해서 아이의 결핍을 찾아내고 함께 협력해야
효과적입니다.

　가해자라고 하지만, 이들 또한 만나보면 너무나 평범해요. 잘
못에는 마땅히 적절한 처벌과 책임이 필요하지만 형량을 강화
하고 이들을 격리시킨다고 문제가 해결되지는 않거든요. 이 문
제는 이미 매우 평범한 곳에서 발생하고 있다는 점을 다시 생
각해보아야 합니다.

프로그램 중에 11월 진행 예정인 '신남성 연애 스쿨'이 눈에 띔

니다. 자발적으로 찾아오는 분들일 텐데, 그분들은 어떤 동기를 갖고 신청하시는지요?

현장에서 성, 연애에 대한 고민이나 궁금증을 가지고 있는 20 대 남성들이 적잖이 있다는 걸 알게 됐어요. 연구소의 목표는 5 세부터 25세까지의 남성에 대한 교육 시스템을 체계화하는 거예요. 올해 7세 남자아이에 대한 교육 프로그램과 초등 5, 6학년을 위한 교육 프로그램을 만들어 시범 운영했고요. 연령대를 확장해보려고 올가을엔 몇몇 대학을 찾아다니면서 대학생들을 위한 성교육 워크숍을 진행했습니다.

곧 문을 여는 '신남성 연애 스쿨'도 여름에 파일럿 프로그램을 진행했는데요. 20세부터 25세까지 후기 남성청소년을 위한 성교육의 일환입니다. '어떻게 해야 편안하고 자유롭게 연애를 말할 수 있을까' 하는 주제로 페미니즘에 대한 오해와 편견을 바로잡고, 20대 남성들의 고민을 풀어내보려고 해요. 올해 진행한 프로그램들을 보완해서 내년에는 더 많은 현장을 찾아가고, 대학축제 때 성평등 부스나 워크숍을 운영하는 방식으로 대상을 확장해보려고 합니다.

최근 이슈가 되고 있는 딥페이크 범죄를 보면 청소년만의 문제는 아니다 싶습니다. 개인 교육뿐 아니라 사회적으로도 함께 풀어야 할 문제인 것 같은데 어떻게 보시는지요?

전 세계의 딥페이크 범죄 중 53%가 대한민국에서 벌어집니다. 그 가해자와 피해자의 73% 이상이 청소년이고요. 이런 상황이라면 전 세계 딥페이크 범죄에서 높은 비율로 대한민국 청소년이 대한민국 청소년을 상대로 범죄를 저지르고 있다고 볼 수 있어요.

또 하나 주목할 것은 딥페이크가 단순히 영상을 만들어서 올리는 데서 끝나지 않는다는 거예요. 영상을 올리면 금전적 보상이 주어져요. 그 보상을 계속 유지하려면 또 다른 친구들을 끌고 들어와야 하고, 이러면서 범죄망이 형성되죠. 여성학자 권김현영 선생님은 이 구조를 '사이버 포주' 형태라고 표현하기도 하는데요. 이렇게 끔찍한 연결고리는 결국 어른들이 만든 거고, 우리 사회가 만든 거죠. 대한민국 사회가 성에 대해 어떻게 생각하고, 성을 어떻게 대해왔는지 극명하게 보여주는 사건입니다.

다수의 청소년들이 가해자이면서 동시에 피해자예요. N번방 사건 때는 피해자가 스스로 피해자라는 걸 인지라도 했어요. 지금 광범위하게 발생하고 있는 딥페이크 범죄는 대부분의 피해자들이 본인이 피해를 입는지조차 모르고 있습니다. 대한민국은 N번방 사건 이후 지금까지 한 발짝도 앞으로 나아가지 못했어요. 오히려 뒷걸음질쳤어요. 단순히 여학생들에게 SNS에 얼굴 올리지 말라고 한다거나, 지금 여당에서 추진하는 것처럼 '7년 징역' 등 처벌을 강화하는 걸로는 절대 해결되지 않아요. 성평등이라는 관점에서 사회를 재구성하고, 새 판을 짜지 않는 한 변형된 형태로 계속 심화될 거예요.

남녀 갈등이 심화되고 서로 반목하는 사회입니다. 특히 한국 남성에 대한 부정적 시선에 대해서 어떻게 생각하시는요.

이 문제를 비관하기 전에 우리가 남성청소년에게 필요한 교육들을 적절히 제공했는가, 생각하면 그렇지 않아요. 하지만 이런 기회가 만들어지면 많은 변화를 추동할 수 있다고 믿어요. 현장에서 남성청소년들을 만나면서 저는 그런 희망을 봅니다. 이 사회, 특히나 정치권에서 20대 남성들에 대해 '이대남' 운운하면서 표 얻으려고 갈라치기하고, 그들은 이런 상황에 이리저리 쏠려다니면서 대상화되었다고 봅니다. 정말 한국남자들이 이상해진 것인가, 그렇게 생각하지 않아요.

남자들은 개인으로 있을 때와 남성 집단 안에 있을 때, 행동이나 사고가 많이 다릅니다. 끊임없이 젠더 위계 속에서 내 서열이 어디에 있는지를 시험하고 시험당하죠. 자아실현의 기회는 없는 상태에서 조직과 위계만 강화되면서 성장하다 보니 남성은 서열 위치가 곧 자신이라고 생각하게 돼요. 그 서열에서 이탈되는 순간, 존재감도 사라지게 되고요. 직장이나 가정에서 배제된 중년 남성이 극심한 고독을 겪는 것도 이런 연장선이 아닐까 싶습니다.

성별 불평등의 사회에서는 1차적으로 젠더 하위에 있는 존재들이 피해를 겪지만 젠더 상위에 있는 존재, 그러니까 가부장 사회에선 남성에게도 2차 피해가 발생합니다. 그 피해를 이미 남성들도 겪고 있어요. 다만 아닌 척하고 있을 뿐이죠. 이미 다 알고 있다고 생각해요. 더 이상 이대로는 살 수 없다는 걸.

'성평등하고 정의로운 세상을 위한 전환 담론을 열어가는 것'이 연구소의 목표라고 하셨는데요. 젠더 갈등 시대에 연구소는 어떤 역할을 하고 싶으신가요?

지금은 성평등을 얘기하면서도 '남자들은 잘 안 변할 거야'라는 인식이 강한 것 같아요. 그럴수록 남자들은 대상화되면서 주변으로 겉돌고 있고요. 성평등 세상이 여성뿐만 아니라 남성에게도 좋다는 걸 남성들이 알았으면 좋겠어요. '남성들을 성평등 세상을 열어가는 주체로 세우는 것'이 남다른성교육연구소가 이루고픈 비전입니다. ◣

21세기 귀남이와 후남이 이야기

장희숙 《민들레》 편집장

아들과 딸, 선호도가 뒤바뀌다

세상은 의외로 쉽게 변한다. 한두 세대 만에 한국사회의 남녀 위상은 많이 바뀌었다. 내리 딸 셋을 낳고 동네에서 고개를 들지 못했던 엄마는 40여 년이 지난 지금, 당당히 어깨를 펴고 다니신다. 옷이 예쁘다는 친구들 말에 "윗도리는 첫째딸이 사줬고, 바지는 둘째딸이 사줬고…" 하면 "역시 딸이 최고야!" 하는 찬사가 돌아온단다. 네 번째 출산으로 어렵게 얻은 아들은 불효자는 아닐지언정 이런 '자랑 타임'엔 잘 등장하지 않는다. 남아선호라는 시대적 흐름은 어느새 여아선호로 전복됐다. 대를 잇기 위해 아들이 꼭 필요하다던 생각은 저출생 시대를 만나 '하나 낳을 거면 딸이 좋지'로 바뀌었다.

1970년대만 해도 넉넉잖은 형편에 우선적으로 교육 기회를 얻는 건 아들이었다. 1992년 방영된 MBC 드라마 〈아들과 딸〉은 이런 시대상을 오롯이 반영한다. 딸만 셋인 집에 이란성 쌍둥이로 태어난 아들 귀남이와 딸 후남이. 1등을 놓치지 않던 후남이는 부모 몰래 시험을 봐 대학에 붙지만, 대학 입학은 귀남이 혼자 한다. 신경숙의 자전적 소설 『외딴 방』에는 80년대 대학에 들어간 오빠를 따라 서울로 온 여동생이 등장한다. 어린 여동생의 임무는 대학생이 된 오빠의 식사와 빨래를 담당하는 것이었다.

그런 딸들이 학업을 이어가려면 '투쟁'을 해야 했다. 후남이는 결국 가출해서 주경야독하며 국어교사가 된다. 신경숙 또한 낮에는 구로공단에서 일하고 야간엔 산업체학교를 다닌다. 어느 날 그의 반성문을 읽은 선생님이 작가가 되길 권했고, 문예창작과에 들어간 그는 소설가가 되었다. 신 작가처럼 재능을 알아봐준 이가 있었던 건 정말 운 좋은 경우다. 그 시대 많은 딸들은 그럴 기회조차 얻지 못했다. 80년대 들어 자녀 수가 줄어들며 딸들의 교육 기회는 이전보다 넓어졌지만 사회 진출의 기회는 그렇지 않았다. '여자는' 공부를 잘해봤자 기껏 교대나 사대 가서 선생 되는 게 최고라고 여겼다. 결혼하고 애 키우면서 평생 다닐 수 있는 직장으로 그만한 게 없었으니까.

그로부터 또 수십 년이 지난 지금은 어떨까. 가정 내에서 아들과 딸의 선호도가 역전되었으나 사회에선 여성 차별이 잔재하는 가운데, 젠더 갈등으로 성별 간의 반목이 심해지고 사회구조와 노동문제까지 양극화되어 아예 취업을 포기한 '그냥 쉼' 청년까지 등장했다.

전 세계적인 '여고 남저' 현상의 배경

아들과 딸의 위치가 전복된 세상에는 새로운 소문이 떠돈다. 남자아이들이 여자아이들에게 뒤처진다는 이른바 '여고남저'

현상이다. 성적이 뛰어나고, 발표도 잘하고, 친구들도 잘 챙기고, 조직의 리더까지 맡으며 어디서나 좋은 방향으로 눈에 띄는 건 주로 여자아이들이다. 남자아이들은 어리숙하니 제 앞가림도 못하면서 말초적인 게임에나 빠져 있는 것 같다.

남학생 부모들 사이엔 남녀공학을 기피하는 현상도 생겨났다.[●] 여자애들한테 '치여서' 기를 못 펴고 특히 고등학교에선 남자애들이 내신 하위 등급을 '깔아준다'는 소문이 돌아서다. 이런 남자아이들을 위한 교육과정을 따로 만들어야 하는 거 아니냐는 말까지 나온다. 우스개가 아니라 이미 서구에서 시행하고 있는 교육 정책이다.

여학생들이 남학생들보다 학업에서 앞서는 것은 세계 공통으로 나타나는 현상이다. 미국과 영국에서는 지난 30년 동안 남학생보다 여학생의 성적이 (근소한 차이가 아니라 훨씬) 높았다. 학교 환경이 여성친화적으로, 평가 방식도 과정에 중점을 두는 쪽으로 바뀌어 꼼꼼하고 섬세한 여학생들에게 유리해졌다는 주장도 있다. 하지만 이런 주장이 설득력을 잃는 것은, 학업에서의 '여고남저' 추세는 학교의 교육과정이나 평가에 아무런 변화가 없는 나라까지 전 세계적으로 일어나는 현상이기 때문이다.

● 양성평등 교육 기회 확대, 학령기 인구 감소 등을 이유로 교육부는 남녀공학을 늘려가고 있다. 이미 전국 고등학교 가운데 남녀공학은 65.8%로 3곳 중 2곳꼴이다.

교사 출신의 블로거인 데이비드 디도는 "성별보다 교육에 큰 영향을 미치는 게 행동과 참여"라고 주장한다.[●] 나라 구별 없이 전 세계적으로 변화한 것은 여성들의 '참여', 바로 '교육 기회의 확대'다. 미국과 영국 등에서는 2차 세계대전 이후 중산층을 중심으로 여성의 대학 진학이 크게 늘었다. 영국에서는 대학의 여학생 비율이 57%이며, 남학생의 두 배가 넘는 대학도 생겨났다. 남초군으로 알려진 의학 분야도 60% 가까이가 여성이다. 미국도 사정은 비슷하며, 이들 나라의 학사와 석사, 박사 학위의 여성 비율은 점점 더 남성을 앞서고 있다.[●●]

　이 흐름으로 '여고남저'를 설명하자면, 교육에서 소외되었던 여성들이 평등한 기회를 획득해 기량을 펼치고 있다고 말할 수 있다. 한국식으로 말하면, 귀남이에 가려져 있던 후남이들이 이제야 존재감을 뿜어내기 시작한 것이다. 한국은 1990년대 33.2%이던 여성의 대학진학률이 2023년 78.8%까지 급격히 상승해 남학생 진학률(74.3%)을 앞지른 상황이다.

　남자아이들이 뒤처지는 것에 위기 의식을 느낀 여러 나라에서는 남학생 친화 교육 정책을 실시한다. 미국은 남학생을 여학생과 다르게 대하는 교육 환경에 원인이 있다고 보고, '성별

● 조안나 윌리엄스, 『페미니즘은 전쟁이 아니다』, 유나영 옮김, 별글, 2019.
●● 미국의 학위 소지자 남녀 비율은 학사 학위 남자 40.7% 여자 59.3%, 석사 학위 남자 37.5% 여자 62.5% 박사 학위 남자 42.2% 여자 57.8%이다.(2024년 미국 교육부 통계)

기대 및 학생 성취도'라는 교사 프로그램을 시행했다. 교사가 남학생에 대한 편견과 차별을 없애 두 그룹의 성적 차를 좁히는 것이 목적이었다.● 2015년에는 90% 가까운 여교사 중심의 학교에 남학생들의 역할 모델이 없다며 3년간 천 명의 남성 교사를 양성하는 프로젝트를 기획하기도 했다. 영국의 에든버러 대학에서는 줄어드는 남자 대학생을 모집하려고 10대 청소년이 모여 있는 지역 축구클럽과 고등교육을 연계하는 '교육 패스Educated Pass' 프로젝트를 진행하고 있다.●●

각국 정부가 앞장서서 남학생들의 학업을 걱정하고 진학을 독려하는 이유는 학위의 성별 비율이 결혼에도 영향을 미치기 때문이다. 여성 상향혼 문화로 인해, 석사 학위를 딴 여성은 학사 학위 남성과는 결혼을 안 하려는 경향이 있다(자신보다 학위가 높거나 최소한 같아야 한다). 이런 흐름은 결혼율과 출산율, 노동 생산성에도 영향을 미친다. 0.72라는 세계 최저 출산율과 1,000명당 3.1건이라는 낮은 결혼율을 보이는 한국은 여성의 교육 수준 상승, 상향혼 문화에 젠더 갈등까지 더해져 더 가파른 하향 곡선을 그리고 있다.

● GESA(Gender Expectations and Student Achievement). 1980년대 시행된 정책으로 동료 코칭과 팀 접근 방식을 활용해 교사가 편견 없이 모든 학생과 긍정적인 상호작용을 하도록 지원한다. 이 프로그램은 2012년 무의식적 편향 훈련(Unconscious Bias Training)으로 발전했다.

●● 축구의 관점에서 해부학, 인권, 시, 수학 같은 커리큘럼을 남자청소년들에게 제공하고 대학 진로에 대한 조언을 하며 고등교육의 의지를 높이고자 한다.

21세기 귀남이와 후남이

그 시절 애지중지 자라던 한국의 귀남이들은 중년 남성이 되었고, 오늘날 귀남이의 아들들은 '한남'으로 불리고 있다. 귀남이 세대처럼 편애도 한번 못 받아봤는데 여전히 여성 차별 운운하는 세상에 그들은 불만이 많다. 한국의 성평등 수치는 세계 149개국 중 104위로 바닥이지만, 이들의 생각은 다르다. 대선 후보 시절 "더 이상 구조적 성차별은 없다"며 여성가족부 폐지를 공약한 윤석열 대통령의 말마따나 세상이 좋아지다 못해 반대로 편향되어 남성들에게 불리해졌다고 여긴다.

남성들이 대표적인 역차별 정책으로 손꼽는 것이 '여성 고용 할당제'다. 이들의 문제의식에는 '역차별'과 '공정'이 뒤엉켜 있다. 군 가산점 제도를 폐지시키고● 여성들이 고용 우선권을 갖는 건 공정하지 않다는 거다. '20~30대 남성의 60.3%는 우리 사회에 여성 차별이 없다고, 그리고 68.7%는 오히려 남성 차별 문제가 심각하다고 생각한다'는 놀라운 통계●●가 이들의 억울한 심경을 드러낸다.

그렇다면, 학창 시절 내내 자신들을 앞서던 여학생들은 다

● 1999년 이화여대 학생들이 남자들의 군 가산점은 성차별이라며 소송을 걸었고 이에 승소하여 1961년부터 이어져온 군 가산점 제도는 폐지됐다.

●● 천관율·정한울, 『20대 남자』, 시사IN북, 2019, 92–93쪽.

어디로 갔을까. 구조적 성차별이 없다면 남자들보다 좋은 직장 얻어서 승승장구하고 있어야 맞다. 하지만 학업을 마친 그들은 고용 기회에서부터 남자에게 밀린다. 신입사원 채용 시 남성 합격자 비율을 높이려고 서류전형 점수를 조작하는 관행 앞에 선 남녀고용평등법도 무용하다. 어렵게 취업해도 출산, 육아 등을 이유로 커리어를 이어가기 쉽지 않을뿐더러 승진에서도 밀린다. 남녀 임금 차이는 2023년 기준 31.2%로 OECD 국가 중 가장 크다. 여전히 한국 여성들에게 사회생활은 '유리 천장'이고 '기울어진 운동장'이다.

세상이 쉽게 변하는 것 같아도 그렇지 않다. 간절하던 고등 교육을 성취한 21세기 후남이들은 '82년생 김지영'이 되어 '경단녀'란 이름을 얻었다. "어디, 여자가!" 같은 말을 대놓고는 못해도 여성을 무시하고 깔보는 인식도 여전하다. 견고한 가부장제와 남성성 규범에 자신이 갇혀 있는지조차 모르는 21세기 귀남이들은 자신들을 향한 비난이 억울하다. 새로운 남성성의 기대까지 부여받아 여기저기 눈치 보며 기죽어 산다.

양쪽 모두 피해자라고 토로한다. 누가 진짜 피해자인지를 따지는 일은 의미가 없다. 사실의 진위와 상관 없이 현실은 그렇게 경험된다. 우리가 천착해야 할 것은, 무엇이 모두를 피해자로 만드는가이다. 21세기 귀남이와 후남이들에게 이어지는 'K-운명'에서 벗어나려면 무엇부터 해야 할까. ◼

'아들맘'은 어쩌다
멸칭이 되었을까

이 설 기

《민들레》 편집위원. 지금, 여기의 육아 문화에 관심이 많은 양육자.
『부모 되기, 사람 되기』를 함께 썼고, 『엄마라는 이상한 세계』를 썼다.

'아들맘 대 딸맘'이라는 논쟁 구도

"저희 애가 아들이라…."

아이가 공공장소에서 시끄럽게 떠들거나 위험한 장난을 치거나 친구에게 해를 입힐 때 아들엄마들이 흔히 하는 말이다. 이 말에는 상대에 대한 미안함과 민망함, 상대의 이해를 구하는 마음, 그리고 자신조차 이해하기 힘든 존재를 이해해보고자 하는 몸부림이 복잡하게 얽혀 있다.

최근 인터넷 커뮤니티에서 '초등 아들엄마는 맨날 죄인'이라는 글을 보았다. 남아가 여아에 비해 말이 느리고 빠릿빠릿하지 못해 교실에서 억울한 상황에 처할 때가 많다는 내용이었다. 그 글에는 수많은 아들엄마의 댓글이 달렸다. "이래서 아들을 남녀공학 중학교에 보내기 싫다"는 남녀공학 반대파부터 "나는 여자아이들과는 대화도 나누지 말라고 가르친다"는 남녀칠세부동석파, "남자아이를 잠재적 범죄자 취급하는 딸엄마가 문제"라는 딸엄마 비판과, "남자아이들만 혼내는 선생님이 문제"라는 교사 비판에 이르기까지….

과거 맘카페의 단골 논쟁은 '워킹맘 대 전업맘'이었다. 워킹맘은 전업맘이 경제적 자립이나 자기계발을 하지 않는다며 무시하고, 전업맘은 워킹맘이 아이와 많은 시간을 보내지 않는다며 비난하는 구도가 형성됐다. 이제 워킹맘 대 전업맘의 구도는 과거에 비해 헐겁다. 워킹맘이든 전업맘이든 자기계발의 명령에서 자유롭지 못하고 프리랜서맘, 파트타임맘, 인플루언서맘 등 워킹맘과 전업맘 사이 다양한 스펙트럼이 형성된 요즘, 엄마를 둘러싼 단골 논쟁은 다른 곳으로 옮겨갔다. 바로 '아들맘 대 딸맘'이다. 딸엄마는 "통제가 안 되는 남자애들 때문에 내 딸이 피해를 입는다"고, 아들엄마는 "여자애들의 약은 행동 때문에 내 아들이 가해자 취급을 받는다"고 억울해한다. 딸엄마는 "아들엄마가 아들을 적극적으로 통제하지 않아 문제가 생긴다"고, 아들엄마는 "딸엄마가 딸을 공주처럼 보호하려고만 하는 게 문제"라고 비난한다.

이러한 논쟁은 2010년대 이후 지속되고 있는 페미니즘 리부트와 백래시 등의 '대리전' 양상을 띠지만 성별 차이는 본질적인가, 딸과 아들의 양육 방식은 달라야 하는가, 교실은 특정 성별에게 유리한 공간인가 등등의 중요한 논점들을 함의하고 있다. 이러한 논점들에 대해 숙고하는 대신, 손쉬운 해답을 내어놓으며 승승장구하는 콘텐츠가 있다. 바로 유튜브 채널 〈최민준의 아들TV〉 같은 콘텐츠다.

'아들육아법' 콘텐츠의 인기

83만 명의 구독자를 보유한 〈최민준의 아들TV〉는 남아교육 전문가를 자처하는 최민준이 운영하는 유튜브 채널이다. 그는 "여자인 엄마가 남자인 아들을 이해하지 못하는 것은 당연"하며, "남자아이는 여자아이와 다르게 설계되어 있다는 사실을 수용해야 아들이 좋은 어른으로 성장할 수 있다"고 주장한다.

남아는 여아와 어떻게 다르게 설계되어 있으며, 어떻게 다르게 키워야 한다는 걸까? 그는 아이의 마음을 공감해주는 건 중요한 일이지만, 아들을 키울 때는 적절한 수용과 단호함으로 아이를 바로잡는 '행동육아'가 필요하다고 설파한다. 그런데 지나친 공감육아의 그늘이 공론화되고 있는 요즘, 적절한 수용과 단호함은 남아와 여아 모두에게 필요한 것 아닌가? 〈최민준의 아들TV〉뿐 아니라 아들육아법을 설파하는 콘텐츠들은 남녀에 국한되지 않는 상식적인 이야기를 하는 경우가 많음에도, '아들육아'로 한정함으로써 아들양육에 어려움을 느끼는 엄마들의 불안을 겨냥한다. 최민준의 콘텐츠가 인기를 끄는 것 역시 '내가 아이를 잘 키우고 있는 게 맞을까', '우리 애가 문제가 있는 건 아닐까' 하는 아들엄마의 고민과 불안이 그만큼 크기 때문일 것이다.

아들육아를 표방하는 콘텐츠들이 남성과 여성이 근본적으로 다르기 때문에 아들과 딸의 육아 방식은 달라야 한다고 주장한다면, 미국의 정신분석학자 낸시 초도로우는 그와 반대되는 이론을 펼친다. 아들과 딸을 대하는 방식이 다르기 때문에 남성과 여성의 차이가 생긴다는 것이다. 초도로우에 따르면 어머니는 딸에 비해 아들을 자신과 분리된 별개의 존재로 경험하고, 의식적 무의식적으로 아들을 자신과 분리하도록 권한다. 이러한 양육 방식을 통해 남아는 좀 더 명확한 자아 경계를 발달시키게 되지만, 독립성을 성취하는 대가로 여아에 비해 친밀한 관계를 유지하는 감정적 능력을 억압하는 경향이 생긴다.●

영국의 사회학자 앤서니 기든스는 초도로우를 인용하며 친밀성의 영역에서 낙오된 남성이 친밀성의 능력을 향상시키는 것이 현대사회의 중요한 과제라고 보았다. 친밀성, 즉 평등한 맥락 속에서 타자 그리고 자신과 감정적으로 소통할 수 있는 능력이 일상 속의 민주주의를 견인하는 중요한 힘이 될 것이라고 예견했기 때문이다.● 초도로우와 기든스의 논의를 종합하면, 사적 영역에서의 민주주의를 성취하기 위해서는 남성 또한 '여성적'이라 일컬어졌던 친밀성 능력을 계발해야 하는데, 이를 어렵게 만드는 것이 바로 성에 따른 육아 방식 차이다.

그러나 최근 대한민국에서 유행하는 아들교육 콘텐츠들은 "딸로 태어난 엄마는 죽었다 깨어나도 모르는 노하우"를 알려주겠다며, 은연중에 공감이나 소통능력의 부족, 목표 지향성 등으로 대표되는 '남성적' 특성을 인정하고 존중할 것을 가르친

● 낸시 초도로우, 『모성의 재생산』, 김민예숙·강문순 옮김, 한국심리치료연구소, 2008.

다. 이는 남성과 여성의 차이를 본질화할 뿐 아니라, 남성의 친밀성 능력 계발을 더욱 요원한 일로 만든다.

아들맘은 '남미새'의 진화 버전?

아들엄마를 위로하는 콘텐츠가 인기를 얻는 한편으로, 아들엄마를 비하하고 조롱하는 분위기도 심상치 않다. 최근 온라인 커뮤니티를 중심으로 남미새('남자에 미친 새끼'의 줄임말로 여자를 지칭함)가 '남미새-기혼녀-아들맘'으로 진화한다며 아들맘을 조롱하는 현상이 나타났다. 페미니즘 리부트를 통과한 청년 여성들은 남성과의 연애나 결혼이 필수가 아니며 오히려 문제적이라고 보았고, 섹스·연애·결혼·출산을 거부하는 4비非 운동을 벌이기도 했다. 남성과 결혼해 남성을 낳아 기르는 아들맘은 남성과 너무나 밀접한 관계 속에 있기에, 아들맘을 여성 연대의 변절자로 비난함으로써 문제를 해결하려 한 것이다. 이는 여성 각각의 상황과 조건의 차이를 고려하지 않으며 손쉽게 타인을 낙인찍는 기제가 된다는 점에서 실패할 수밖에 없는 기획이다.

그럼에도 나는 '남미새-기혼녀-아들맘'을 바라보는 시선에

● 앤서니 기든스, 『현대사회의 성 사랑 에로티시즘』, 배은경·황정미 옮김, 새물결, 2001.

뜨끔할 수밖에 없었는데, 딸엄마인 나 역시 내 아이에게 유리한 방식으로 세상을 바라볼 때가 많기 때문이다. 나는 아이를 낳고 키우는 일이 나의 한계와 지평을 확장하는 일이 될 거라 믿었다. 하지만 아이를 키우는 일은 가정 바깥에 높은 울타리를 두르고 내 아이를 배타적으로 보살피는 과정이기도 했다. 다른 집 아이들도 예쁘지만 내 새끼가 제일 예쁘고 사랑스러우며, 내 새끼에게 상처와 아픔이 없기를 바라고, 팔이 자꾸 안으로 굽는… 이런 나를 마주할 때면 '내 새끼 지상주의'에 빠지는 건 아닐까 두렵다. 양육의 우선적 책임을 가진 이에게 드리울 수 있는 이 그늘에서는 아들엄마든 딸엄마든 자유롭지 못하다.

무엇보다 '아들맘'이 여성이 차별받는 현실에 관심을 가지기는커녕 성범죄를 저지른 남성을 옹호하고 '남성 역차별'에 분노하는 등 아들에게 유리한 방식으로 세상을 바라본다는 비판은 뼈아프게 다가온다. 딸을 둔 남성 국회의원이나 판사가 양성평등에 기여하는 입법 활동이나 판결을 하는 경향이 많다는 연구 결과가 보여주듯, 자녀의 성별이 양육자의 세계관을 형성하는 데에 적잖은 영향을 미치는 건 분명하다.

물론 딸을 키운다고 해서 자연스럽게 젠더적 관점을 습득하는 건 아니다. 여성 인권에 도움이 되지 않는 방식으로 딸을 양육하며, 이를 넌지시 자랑하기도 한다. 딸에게 한없이 자상하고 너그러운 아빠를 뜻하는 '딸바보'가 그런 경우다. 딸바보는 아들맘과 달리 긍정적이고 매력적인 이미지로 통용되지만 실제로도 그럴까? 아빠가 딸에게 '꿈벅 죽는' 이유는 무한경쟁 사회에서 지친 자신을 애교와 미소로 위로하는 무해한 존재로 여기기 때문이다. 딸을 무해한 존재로만 가두는 이 시선은 성별화된 고정관념을 재생산한다. 더욱이 무분별한 애정을 주며 예뻐하기만 하는 것을 바람직한 양육 태도라고 할 수도 없다. 딸바보식의 양육 태도는 여성이 시혜적 사랑을 받는 것에 익숙해져 주체적으로 자신의 삶을 책임지는 것을 어렵게 만든다.

아들육아 콘텐츠의 범람과 아들맘 비하의 간극 사이에서

아들육아법이 인기를 끄는 한편으로 아들맘이 비판의 대상, 더 나아가 혐오의 대상으로 부상하는 세계. 내 주변에는 이 간극을 조금이나마 좁히기 위해 아들을 친밀성의 능력이 있는 남성, 스스로와 서로를 돌볼 수 있는 남성으로 키우려 고군분투하는 여성들이 있다. 다음 세대의 남성성은 지금과 다르길 소망하며 어릴 때부터 요리나 청소 같은 집안일과 자기 감정을 표현하는 일에 익숙하도록 돕고, 아들이 단순히 여성을 무시하지 않는 남성이 되는 것을 넘어 자기 위치에서 조금이나마 세상을 바꾸는 사람이 되도록 키우려는 이들이다.

　나는 이러한 아들엄마가 많아지기를, 그리고 딸을 보호의 대상으로만 여기기보다 독립적인 인간으로 키우는 딸엄마 역시 많아지기를 바란다. 그런데 이러한 임무는 또다시 여성에게 주어진 것일까?(기든스는 남성을 친밀성의 영역으로 끌어오기 위해서 여성이 나서줄 것을 기대한다. 안 그래도 바쁜데 여성이 짊어진 사명이 너무 많은 거 아닙니까, 기든스 선생님?)

초도로우는 산업자본주의가 정착된 후 가정이 사회로부터 분리되고 여성 혼자 핵가족 내에서 자녀를 기르게 된 사회 체계 속에서 젠더 이데올로기가 생산되었음을 지적한다. 초도로우의 지적은 왜 어머니가 자녀 양육을 전담하는 자여야 하는가, 여성-어머니라는 성별 분업을 변화시키기 위해서는 무엇을 해야 하는가 하는 질문을 함축한다. 초도로우의 문제의식을 내 식으로 옮기면 이렇다. 엄마로서 아들을 이해하기 어렵다고? 아들에게 자아를 의탁하는 아들맘이 문제라고?

해결책은 의외로 간단하다. 남성이 육아에 참여하면 된다. 남성도 아이를 키우며 나와 다른 생명체에 좌절하고, 작은 생명체에게 내가 미치는 영향력에 두려움을 느끼며, 내 아이의 유익을 바라는 마음 때문에 분열할 때, 그래서 여성의 주양육자 위치가 지금보다 흐릿해질 때, 엄마를 위한 아들육아 콘텐츠의 범람도 아들맘 비하도 더 이상 발붙일 곳이 없어질 것이다. ◼

아들이 ADHD 진단을 받은 이유

문 지 성

초등 4학년 아들과 1학년 딸을 둔 아빠. 아들의 ADHD 진단을 계기로
육아휴직 후 1년 6개월 동안 전업주부로 지냈다. ADHD 비약물 치료 경험을
바탕으로 네이버카페 '비약물치료연구소'를 운영하고 있다.

내 아이가 ADHD라고?

아들이 초등학교에 입학한 지 얼마 지나지 않아 선생님한테서 전화가 걸려왔다. 아이가 대열에서 이탈하고, 소리를 지르거나 울어서 수업에 방해가 된다고 하셨다. 1학년 때는 아직 어리니까 조금 지켜보자 했는데, 2학년 담임 선생님도 비슷한 얘기를 하며 상담을 받아보라고 권하셨다. 아이가 수업 시간에 혼잣말을 크게 하고, 불편한 일이 생기면 심하게 울거나 소리를 지른다고 하셨다. 길게는 한 시간씩 이런 행동을 한다니 수업 진행이 안 되는 수준이었다.

어려서부터 아들은 자신이 원하는 것에 심취하면 행동 전환이 어려웠다. 예를 들어, 장난감을 갖고 놀다가 외출해야 할 때 최대한 자신이 하던 것을 계속하려고 하는 통에 "어서 나가자"라는 말을 반복하게 만들었다. 둘째인 딸아이는 눈치가 빠르고 상황에 적합하게 행동하며 애교도 많아서 우리 부부를 포함한 할아버지, 할머니 사랑을 듬뿍 받았다. 한 번 말하면 잘 듣는 딸과, 수차례 반복해야 겨우 듣는 아들을 같이 키우다 보면, 자연히 딸을 정상으로, 아들을 비정상으로 여기는 말들을 내뱉게 된다. 아들이 이런 지적과 비교 위주의 언어를 듣고 자라면서 자신의 서툰 언어능력으로 표현하기에는 너무 어려운 마음의 고통을 겪고 있었던 건 아닐까 싶었다.

성별 구분	연령 구분	2017년	2018년	2019년	2020년	2021년
남	5~9세	14,992	15,934	18,806	18,387	22,637
여	5~9세	2,882	3,141	3,783	4,084	5,486
계	5~9세	17,874	19,075	22,589	22,471	28,123
남	10~14세	15,765	17,097	18,845	19,224	22,475
여	10~14세	3,321	3,641	4,099	4,403	5,517
계	10~14세	19,086	20,738	22,944	23,627	27,992
남	15~19세	9,840	10,065	10,598	10,553	11,128
여	15~19세	2,701	2,928	3,276	3,648	4,226
계	15~19세	12,541	12,993	13,874	14,201	15,354
총계	5~19세	49,501	52,806	59,407	60,299	71,469

남녀 대비
아동(5~19세)
ADHD 진단 현황

출처_국민건강보험공단

　어쩔 수 없이 아이를 병원에 데리고 가서 심리치료사, 정신
과 의사와 상담을 했다. 그 과정에서 깨달은 것은 그동안 내가
아이에게 정서적으로 불안한 환경을 제공하고 있었다는 사실
이다. 부끄러운 이야기지만 아이가 어릴 때 아내랑 나는 회사
일로 둘 다 많이 바쁘고 지친 나머지 아이들 앞에서 자주 싸웠
었다.

　전쟁이나 사고 등 충격적인 일을 겪은 후에 생기는 '외상 후
스트레 장애(PTSD)'의 증상이 '공격적 성향, 충동조절 장애, 우
울증, 집중력 및 기억력 저하' 같은 문제라는 걸 알고 나서 무척
놀랐다. ADHD 증상과 거의 일치해서다. 어쩌면 아이 입장에선
엄마 아빠가 눈앞에서 싸우는 게 전쟁에 준하는 공포일지도 모
른다. 정서가 기본적으로 불안하고 약한 아이가 이런 공포를
자주 느껴서 탈이 난 게 아닐까 하는 생각도 들었다.

ADHD 진단은 누가 할까

실수가 잦거나, 많이 산만하거나, 과격한 행동을 하는 아이를 보면 ADHD를 의심해보라고 말하는 경우가 흔하다. 너무 쉽게 진단을 받고, 약을 먹는 게 아닐까 걱정스럽기도 하다. 특히 남자아이들의 ADHD 진단율은 여아의 두 배에 가깝다(남아 15%, 여아 8%). 왜 ADHD는 남자아이들에게서 더 많이 나타날까?

그 얘기를 하려면 ADHD 진단의 주체가 누구인지부터 알아야 한다. '주의력 결핍 및 과잉행동 장애'의 원인은 아직 정확히 밝혀지지 않았다. 미국정신의학회나 미국소아과학회 같은 주요 전문 기관들은 유전적, 환경적, 신경생물학적 요인 등이 복합적으로 작용하여 발생한다고 설명하면서도 특정 원인을 단정하지 않는다. 아니, 못한다는 말이 옳을 것이다. 과학적으로 증명할 수 없기 때문이다.

처음에 잘 몰랐을 땐, 당연히 ADHD 진단은 정신과 의사가 한다고 생각했다. 물론, 최종적으로 진단서를 작성하는 것은 의사이지만 사실 진단의 실질적 주체는 교사와 부모라고 할 수 있다. ADHD 진단 과정을 보면 이렇다.

초등학교 저학년 때 선생님으로부터 아이가 울어서, 혹은 소리를 질러서 수업 방해가 심하다는 전화를 받으면 부모는 아이를 데리고 심리상담소나 정신과 병원을 데려간다(만 7세가 지나야 진단이 가능하다). 정신과에 가면 흔히 '풀 배터리 검사'라는 종합심리검사를 한다. 여러 검사지가 있는데 그중 K-ARS라는 것은 교사와 부모가 작성해야 한다. 부주의한 실수가 잦다, 손발을 가만두지 못한다, 지시를 잘 따르지 않는다, 지나치게 말을 많이 한다 등등의 질문에 아이의 일상을 관찰한 부모와 교사가 답을 하면 임상심리사와 의사는 이 검사지의 점수를 주요 근거로 ADHD 진단을 내린다. 검사에 응하는 교사와 부모는 이미 아이의 행동이 문제라고 느끼고 있는 사람들이므로 이 문항에 더 심각하게 답을 할 수밖에 없다.

진단을 위해 의사가 과거력을 살피거나 신체검사를 하거나 직접 아이를 관찰하는 경우는 볼 수 없다. 여러 이유가 있겠지만 역시나 앞서 말한 것처럼 ADHD의 원인이 과학적으로 밝혀지지 않았기 때문에, 무얼 어떻게 측정해야 하는지 의학적 기준도 없기 때문일 것이다.

비교와 경쟁 속에 자라는 아이들

우리는 자본주의 사회에서 살고 있다. 자본주의 가장 큰 부작용은 비교로 인한 슬픔이라고 생각한다. 사이 좋던 부부가 새 아파트로 이사 간 친구 집에 놀러갔다가 부부싸움이 난다. 내가 갖고 싶었던 나이키 신발이 싸구려라서 안 신는다는 얘기를 다른 친구한테 들은 아이는 슬프거나 화가 난다. 비교에 물든 사람들은 돈을 더 버는 데 혈안이 된다. 남들만큼, 중간이라도 가기 위해서는 맞벌이를 해야 한다. 아직 어린 초등 저학년 아이의 마음을 충분히 보살펴줄 양육자가 있는 가정이 얼마나 될까?

아이가 학교에서 힘든 시간을 보내던 1학년 때, 내 머릿속은 온통 무리해서 산 아파트 대출금을 갚기 위한 고민으로 가득 차 있었다. 가족을 챙기기보다 더 넓은 집을 감당하느라 바빴다. 이 집에 때맞춰 들어가려면 맞벌이는 당연했고, 아이는 방과후 학교와 학원을 전전해야 했다. 학교와 마찬가지로 학원 역시 비교하는 곳이었고, 아이가 정서적으로 쉴 만한 공간이 될 수는 없었다. 부모가 돈 버는 데 몰입하던 그때, 아이는 하루 중 대부분의 시간을 비교당하고 평가당하며 보내고 있었다. 이렇게 스트레스 많은 아들이 어떻게 품행이 좋아야 한다고 생각했을까? 그 또한 비교였다. 딸아이는 같은 상황에도 잡음 없이 잘 커주고 있었기 때문이다.

'같은 환경에서 네 동생은 잘 적응하는데, 아들아 너는 왜 그것밖에 안되냐?' 바쁜 와중에 아들을 볼 때마다 이런 말들이 입속을 맴돌았다. 억압적인 환경에서 아이는 스트레스를 푸는 방법조차 몰랐을 것이다. 초등 저학년 아이가 화가 나고 슬퍼서 소리지르거나 울면 미숙한 것인가? 정신이 이상한 것인가? 어쩌면 어른으로서, 부모로서 내가 미숙했다고 생각한다. 어린아이가 처한 환경을 이해하지 못하고 미숙함을 받아주지 못해 윽박과 협박으로 제압하려 들었다. 아이의 반응을 수용하고, 행동을 수정해야 하는 이유와 방법을 반복해서 가르쳐주지 못했다. 나의 미숙함이 아이의 ADHD 증상을 발생시켰거나 심화시켰다는 생각이 들었다.

우리 아이는 '과잉행동'을 해서 문제가 되는 경우였지만, 과잉행동은 없고 '주의력 결핍'만 보이는 아이들도 많다. 이런 경우 '조용한 ADHD(ADD)'라는 진단을 받는다. 버스에서 내려야 할 때 못 내리는 일이 잦고, 물건을 자주 잊어버리고, 아무리 노력해도 집중이 안 되는 경우 자신도 힘들겠지만 과잉행동에 비해 단체생활에 불편을 주진 않아서 뒤늦게 발견되거나, 본인도 원인을 모른 채 오랜 시간 혼자 괴로워하는 경우도 종종 있다.

약물 외에 다른 방법이 없을까?

우리가 초등학교 다닐 때는 수업 시간에 떠들면 바로 회초리로 맞았기 때문에 크게 튀는 아이가 없었다. 하지만 요즘 교사가 체벌로 시끄러운 아이를 제압하는 경우는 없다. 혹여 그런 교사가 있다면, 아이들이 핸드폰으로 영상을 찍어 공유해버릴 것이다. 산만한 아이를 통제할 방법은 없고, 수업 진행과 생활지도는 어려우니 교사로선 학부모에게 전화를 할 수밖에 없다. 전화를 받은 부모 역시 당황해서 고민에 빠진다. 선생님에게 그런 전화를 받고서도 그저 참고 기다려 달라고 말하기는 어렵다. 내 아이 때문에 반 전체가 피해를 본다고 하면 너무 미안해서라도 대부분의 부모는 당장 병원에 데려갈 결심을 하게 된다.

아이의 충동성을 줄이는 가장 빠른 해결책은 정신과 약물을 쓰는 것이다. 약물은 초도 효과가 아주 강하다. 맞벌이를 해야 한다거나 해서 아이를 따로 돌봐줄 상황이 되지 않으면 부모는 더욱 빠른 결과를 원하게 된다. 산만한 행동을 통제할 수 있는 가장 빠른 방법은 약물이고, 약물을 쓰려면 정신과에 가서 진단서를 받아야 한다.

이것저것 정보를 검색해본 나는 ADHD 약물이 마약류로 분류되는 것이 마음에 걸려서 약물 치료 대신 심리상담과 인지행동치료를 택했다. 학교 선생님에게도 자주 통화를 하자고 요청드렸다. 신생님은 흔쾌히 동의하시고, 극심한 울음 같은 문제상황이 생긴 날은 전화를 걸어 앞으로 동일한 상황이 발생하면 어떻게 해야 할지 의논하셨다. 아이의 행동 때문에 수업이 방해되면 교실 밖으로 잠깐 내보냈다가 기분 전환 후 다시 들어오게 하면 어떻겠냐고 물어보니, 그건 아동학대에 해당돼서 곤란하다고 하셨다. 일단 심호흡을 시켜보고 효과가 없으면 화장실 가서 세수를 하고 오라고 해보겠다고 먼저 아이디어를 내시고 실제 상황에 적용해 효과를 보기도 했다.

이렇듯 선생님과의 협업이 무엇보다 중요하지만 많은 학부모들이 문제를 감추려 하거나 솔직하지 못해 상황을 오히려 악화시키는 듯하다. ADHD 약을 몸에 좋은 비타민이라고 아이에게 거짓말로 감추거나, 학년이 올라갈 때 새 담임 선생님께 사실을 공유하지 않는 등의 행위는 오히려 문제를 키우고 아이의 상태도 변화시키기 어렵다. 우리 아이의 경우 다행히 다른 학부모들의 민원도 없었고 선생님이 열심히 도와주셔서 얼마나 감사했는지 모른다. 선생님들은 기본적으로 어려움이 있는 아이를 도와주려고 하신다는 걸 믿으며 도움을 요청할 때 최선의 결과를 기대할 수 있다.

2학년 때 처음 상담을 받아보라는 얘기를 듣고 휴직 후 일 년 동안 아들양육에 집중했다. 전업주부를 한 지 일 년 반이 지났을 즈음 3학년 담임 선생님으로부터 아이의 충동 행동이 거의 없어졌다고 연락을 받았다. 4학년에 올라간 아이는 지금 같은 학교를 다니며 무탈하게 지내고 있다.

요즘 학교에는 우리 아이처럼 정서적으로 어려움을 겪는 아이들이 늘고 있다고 한다. 장기적으로 정서조절이 힘든 아이들을 위해 학교에 '마음 선생님'이 있으면 좋겠다는 생각을 많이 했다. 바쁜 담임 선생님에게만 의존하기도 미안하니, 몸을 다치면 도와주는 양호 선생님처럼 마음이 힘들면 도와주는 '마음의 양호 선생님'이 학교마다 필요하다고 생각했다. 다행히 최근에 '정서행동위기학생'이라는 제도적 용어가 만들어지고 '행동중재전문가'라는 이름의 교사들이 투입되고 있다고 하니, 바람직한 방향이 아닌가 싶다.

ADHD 치료 전, 염두에 둘 것

아이가 ADHD인지 의심되면 일단 자세하고 정확한 정보를 취하는 게 필요하다. 아이가 보이는 양상이 정말 ADHD인지(요즘 ADHD는 모든 문제행동을 지칭하는 말로 폭넓게 쓰이기도 한다) 병원 진단과 치료가 필요한 정도인지, 약물 치료를 했을 때 어떤 득실이 있는지, ADHD는 어떤 기전으로 작동하는지를 부모가 먼저 이해해야 한다. 그다음 여러 검사를 통해 아이가 ADHD라는 쪽으로 상황이 기운다면 비약물치료를 할 것인지 약물치료를 할 것인지를 정해야 한다. 비약물 치료 중 가장 대표적인 것은 인지행동치료Cognitive Behavioral Therapy다.

인지행동치료는 생각(인지)과 행동이 서로 영향을 주고받는다는 가정하에, 이 둘을 바꾸거나 개선하여 감정과 행동을 긍정적으로 변화시키는 치료법이다. 쉽게 말해, 부정적이거나 왜곡된 생각을 가지면 그것이 우리의 감정이나 행동에 영향을 미친다는 원리를 바탕으로, '생각'을 현실적이고 긍정적인 방향으로 '수정'하는 과정이다. 꼭 치료실에 가야 하는 게 아니라 관련 서적을 보고 따라 해도 조금씩 나아지는 경우가 많다.

무엇보다 중요한 것은 ADHD 양상을 보이는 이 아이가 지금 어떤 환경에 처해 있는지, 부모인 내가 아이 앞에서 어떤 모습을 보여왔는지 생각해보는 것이다. 원인이 밝혀지진 않았지만 만약 ADHD가 유전이 아니라 후천적 요인으로 발생한 것이라면 아이 앞에서 부모가 자주 싸우고, 다른 아이와 비교하거나 과한 심적 부담을 주어 아이의 정서를 불안하게 하지는 않았는지 살피는 일이 우선이다. 아직은 너무 어린 아이에게 '보통'과 다르다는 이유로 엄격하고 가혹한 잣대를 들이대지는 않았는지 진지하게 생각해보아야 한다. 억압과 통제에서 벗어나도록 환경을 바꾸어주면 아이는 훨씬 좋아질 수 있다. 🔅

'남자는 나이 먹어도 애'라는 말에 대하여

기 소 연

워킹맘으로 중2 아들과 초5 딸을 키우며 교육에 대해 생각하고 고민한다.
브런치스토리에서 '언제라도봄'이라는 필명으로 활동 중이다.

오빠였던 남편, 왜 애가 됐을까

분명 출산은 두 번뿐이었다. 쌍둥이도 낳은 적이 없는데 정신을 차리고 보니 애가 셋이다. 처음 만나서 결혼할 때까지, 아니 첫아이를 낳을 때까지만 해도 어머님 아들은 내게 오빠였다. 그런데 그가 왜 내 아들이 되어 있는 건가.

"남자들 다 애야."

"남편이 아니고 큰아들이라니까."

기억을 더듬어보니 아주 어릴 적부터 들어왔던 말들인데 어리석고 교만하게도 나만은 그걸 피해갈 거라 믿었다. 결혼 전 혹은 결혼 초기에 언니들이나 이모, 고모들이 이런 이야기를 할 때는 그녀들이 남자를 잘못 골라서 그런 거라고 여겼기에.

첫 직장에서 만난 선배가 하루는 아기 내복을 삶고 있는데 "왜 내 건 빼고 애 것만 삶아주냐"면서 남편이 삐졌다고 말했다. 웃으면서 들었지만 속으로 '그런 어린애 같은 남자랑 어찌 살까' 싶었다. 나중에 그 남편분을 다른 선배 결혼식에서 만났는데, 키도 크고 체격도 너무 좋았다. 도무지 '삐졌다'는 표현을 상상할 수 없는 외모여서 또 한 번 놀란 기억이 또렷하다. 그때는 알지 못했다. 그런 일이 내게도 다가오고 있다는 걸.

내가 고른 남자는 허세도 없는 편이었고 '강한 척, 센 척, 남자다운 척'의 3척 세트도 보여주지 않았다. 누나가 둘 있는 귀한 막내아들이었지만 응석이나 어리광의 기미도 없었다. 연애 시작 때부터 결혼을 준비하고 신혼을 보낼 때까지 크게 감동을 준 적은 없었지만 별달리 속 썩이는 일도 없었다. 그래서 더더욱 '남자는 애'라거나 '남자들은 다 똑같다'라는 말이 내게는 해당되지 않는다고 굳게 믿었다.

막둥이 자아, 아빠 자아

그 믿음이 깨지기 시작한 건 아이가 태어나고 나서다. 첫아이 출산 후 그의 내면에 숨어 있던 '막둥이'가 고개를 들기 시작했다. 나이 들면 '노화'가 일어나지만 '성숙'도 함께 이루어지리라 생각했다. 그러나 집에서 보는 남편은 육체적 노화만 보일 뿐 정신적 성숙은 찾아보기 힘들었다. 오히려 '퇴행'하는 게 아닌가 싶었다.

큰아이가 유치원에 입학하고 작은아이는 아직 두 돌이 되기 전 즈음, 자꾸 아이들 앞에서 핸드폰으로 게임을 하는 그가 심히 거슬렸다. 한참 호기심 많은 큰아이가 옆에서 게임 화면을 들여다보는 것도 마땅찮고, 게임에 빠져 있는 아빠를 보는 것도 싫었다. 무엇보다 아이들이 커서 게임을 자제 못 하면 그 화살을 남편에게 돌리게 될까 스스로도 무서웠고, 아이들의 사춘기도 힘들 텐데 남편마저 원망하게 될까 두려웠다. 그래서 남편에게 밤새 게임 해도 좋으니 아이들 앞에서만은 하지 말아 달라고 부탁했다. 그러나 약속은 잘 지켜지지 않았다. 애가 둘이 되고 회사 일이 힘들어지면서 스트레스가 쌓여 절제가 힘들었던 걸까.

어느 주말, 너무 피곤하고 힘들어 낮잠을 자러 들어가면서 남편에게 또 한 번 당부를 했는데 그날 밤 유치원생 아들이 잠자리에 누워 '철없는 형' 같은 아빠를 일러바쳤다.

"엄마, 아까 엄마 잘 때 아빠 게임 했어. 내가 봤는데 엄마한테 절대 말하지 말라 했어."

저혈압이 치료되는 밤이었다.

아이들은 쑥쑥 자라 큰아이가 중학생이 되었다. 선행학습 없이 중학교에 입학한 아이가 수학을 잘하고 싶다 해서 처음으로 학원도 다녀보며 열심히 수학 공부를 하던 어느 날이었다. 아이는 학원에서 풀었던 어려운 문제를 칠판에 쓰더니 엄마 아빠가 풀 수 있겠냐며 자신감을 뿜어냈다. 이제 우리 집에서 자기가 수학을 제일 잘하는 것 같다며 어깨가 올라간 아들에게 "그러네, 이제 우리 아들을 이길 수가 없겠네!" 하고 칭찬을 하고 있는데, 눈치 없이 남편이 나섰다.

"야, 아빠가 말을 안 해서 그렇지. 아빠 옛날엔 진짜 장난 아니었어. 전교에서 말이지…"

뒷말들은 기억나지 않는다. 아니 기억하고 싶지 않다. 목도리

도마뱀이 목도리를 한껏 펼치듯 과거를 자랑하는 남편에게 웃으면서 인내심과 애교를 섞어 귓속말을 건넸다. "좋겠다! 자기 아들보다 똑똑해서!" 잠깐 막둥이 자아에서 아빠 자아로 돌아온 그가 열없이 웃었다.

지인들과 수다를 떨다 보면 애 같은 남편 시리즈는 무궁무진하다. 어느 집은 남편이 애랑 과자를 두고 싸운다 하고, 갖은 꼼수를 써서 게임에서 아이를 이겨놓고 놀리기까지 한다는 남편 이야기도 드물지 않다. 힘으로, 말발로 제압해가며 애보다 더 애처럼 아들을 놀리다가 아들이 화가 나서 과격하게 굴면 갑자기 훈육하는 아빠 모드가 되어서는 버릇없다며 아이를 야단치는 경우도 흔하다. 애처럼 행동하면서도 애 취급하면 버럭대는 것은 이들의 공통점이기도 하다.

아이가 태어나면 아내의 사랑을 두고 아이와 경쟁이라도 하는 걸까? 아니면 어린 시절 엄마에게 받은 사랑이 그립거나 충분하지 못해서 아내에게라도 받고 싶은 걸까. 사례가 많아질수록 궁금증은 커져갔다.

내 아이는 자라는데 어머님 아들은 왜 안 자라지

두 아이가 쑥쑥 크는 걸 보면서 늘 신기했다. 내 아이들은 점점 자라고 성숙해지는데, 왜 어머님 아들은 그대로인 건가. 다시 시댁으로 보내 조금 더 키워서 돌려받고 싶은 마음에 친언니 같은 사촌 언니에게 말했다.

"언니, 내 새끼는 크는데 어머님 새끼는 왜 안 크지? 어머님께 돌려보내고 싶어."

"아서라. 그 옆에는 더 큰 아기가 계시다."

이 이야기를 시어머니께 전했다. 처음엔 당신 아들 흉을 보는 건가 하고 긴장의 끈을 놓지 않던 어머님이 "더 큰 아기가 계시다"는 말에 박장대소를 하셨다. 정말 환하게 웃으며 그간의 체증이 내려간 얼굴을 하고 계셨다. 말씀은 안 하셨지만, 아마 일상에서 사소한 칭찬과 인정을 바라는 아버님의 모습을 떠올리며 그런 표정을 지으시지 않았을까 추측해본다. 어머님도 당신의 남편이 아이가 될 줄 모르고 결혼하셨겠지만, 당신 아들이 며느리한테 애처럼 굴 거라고는 상상하기 힘드실 테다.

그런데 그가 왜 그러는지, 아들을 키우며 조금은 알 것도 같다. 중학생만 되어도 엄마보다 더 큰 몸을 갖게 되는 아들들. 몸이 더 커지고 사춘기 허세가 더해지면 더는 엄마한테 아이 같은 모습을 보이기 힘든지도 모르겠다. 남편의 유전자 덕분인지 아들은 허세는 비교적 없는 편이지만, 친구들 아들은 귀엽다는 칭찬에 버럭댄다고 한다. 자긴 서울대에 붙어도 연고전 때문에 연세대에 갈 거라는, 남 보기엔 귀엽고 엄마는 속 터지는 사춘기 허세는 남자의 자존심일까 본능일까. 어쩌면 적이 나타나면

가시를 세우는 고슴도치나, 몸을 부풀리는 복어처럼 서열과 생존이 중요한 수컷 세계에서의 허세는 대를 이어 내려온 본능일지도 모르겠다.

큰아이는 중학생이지만 유치원생과 사춘기를 오락가락하는 모습이 보인다. 방학 기념으로 대형서점에 데리고 가서 읽고 싶은 책을 고르라고 했더니 『노인과 바다』를 고른 아들. 신기해서 이유를 물으니 어른스러운 얼굴로 영어 지문에서 읽은 헤밍웨이의 이야기에 그의 작품이 궁금해졌다고 했다. 이 정도면 책 고르는 수준도 남편보다 월등 높은 게 확실하다. '우리 아들 진짜 잘 크고 있구나!'

뿌듯함도 잠시, 그다음 날 회사에서 일하는 중에 넷플릭스 영화 한 시간만 보고 싶다고, 아들에게서 전화가 왔다. 키즈 모드로 되어 있으니 해로운 건 아니겠지 하고 허락했는데 30분쯤 지나자 아들과 세 살 터울인 딸이 전화를 했다.

"엄마, 오빠 중학생 맞아? 지금 뽀로로 극장판 바이러스 어쩌고 보면서 아주 난리 났어. 혼자 웃다가 소파에서 구르고 진짜 웃겨. 딱 여섯 살 같아."

그렇다. 키는 아빠랑 비슷해져 있어도 아직 열댓 살 아이에게 어린아이 마음이 사라진 게 아닌데, 사회적 체면상 어린아이 노릇을 할 수 없는지도 모른다. 사람은 쑥쑥 자라는 키처럼 선형linear으로 자라기만 하는 게 아닌 것 같다. 약간씩 퇴화도 했다가 성장도 하는 나선형spiral으로 성숙해지는 듯하다. 그런데 어느 순간 몸이 커진 이후로는 사회적 체면상 뒤로 가기를 마음대로 하기가 힘든 건 아닐까.

'내 아들이 낫다'는 착각의 대물림

더욱이 우리 남편처럼 가부장적인 분위기에서 자란 아들은 나약한 모습을 보여도 안 되고, 울어도 안 되고, 늘 강해야 한다고 무의식적으로 익혀왔으니 무섭고 울고 싶던 어린아이는 밖으로 나올 수가 없었을 것이다. 그렇게 내면 아이의 바람은 해소하지 못한 채로 어른으로 자라서 결혼하고 나면 안전한 아내를 어리광 부릴 엄마로 삼는 건지도 모르겠다.

그리고 보니 우리 집에 사는 큰 아들도 어머님 앞에선 세상 든든한, 어른스러운 아들이다. 시댁을 가면 집에서의 어리광이나 투정은 찾아볼 수 없다. 외려 어머님이 반찬이 짜게 되었다며 미안해 하시면 이건 술안주로 딱 좋다고 하면서 어머님을 감동시킨다. 그래서 엄마들 눈에는 아들은 잘 자란 것으로 보이고 자기 남편은 아이로 보이는 게 아닐까? 어머님 아들보다는 내 아들이 낫다는 가슴 벅찬 착각과 뿌듯한 느낌은 그렇게 대를 이어가는지도 모르겠다. ◢

문제는 교육이 아니다

현 병 호

《민들레》 발행인. 『스스로 서서 서로를 살리는 교육』, 『반지성주의보』를 썼고
『소통하는 신체』, 『마지막까지 살아남은 사람』 등을 우리말로 옮겼다.

교육만능주의의 함정을 경계하며

21세기 들어 교육 문제의 해법을 찾아 프랑스 찍고 핀란드 찍고 덴마크까지 갔는데 이제 더 이상 갈 곳이 없다. 유럽 선진국의 교육을 아무리 돌아봐야 답이 나오지 않는다. 문제는 교육에 있지 않기 때문이다. 현실은 지정학이 결정한다. 서유럽 같으면 먹고살 길이 열려 있다.* 지중해와 북해 주변 나라들끼리는 언어 장벽이 높지 않고 국경이 개방되어 자기 나라에서 길이 안 보이면 다른 나라로 쉽게 넘어갈 수 있다. 인구밀도도 그다지 높지 않고 낙농업, 어업 등 1차산업이 발달해 굳이 고등교육을 받지 않아도 일자리 얻기가 어렵지 않다. 동아시아의 변방에 자리 잡은 한국처럼 자원도 없고 고립된 나라에서는 달리길이 보이지 않으므로 국가도 개인도 교육에 올인하게 된다.

땅덩어리를 떼서 옮길 수도 없으니 정말 길이 없는 걸까. 우리보다 더 변방에 위치한 일본은 어떻게 유럽을 따라잡을 수 있었을까. 일본은 태평양 해상무역로의 중간 기착지여서 대항해시대에 네덜란드와 스페인, 영국의 상선들이 나가사키항을 거쳐 가면서 일찍이 난학蘭學**이 융성했다. 난학자들은 17세기

● 동유럽이 뒤처진 것은 내륙에 갇혀 있기 때문이다.(흑해 주변국들은 맹지를 면했지만 바닷길이 넓지 않다.) 고립된 사회는 정치체제도 경직된다.

●● 난학은 네덜란드 대표 주 홀랜드(Holland)의 일어식 표기 오란다(和蘭)의 학문을 말한다.

부터 유럽과 직접 교류하면서 유클리드 『원론』과 해부학 서적 등 다양한 학술서들을 일본어로 번역 출판하여 근대화의 물꼬를 텄다. 2차 세계대전에서 추축국의 일원으로 태평양전쟁을 일으켰다 패전한 일본은 운 좋게 한국전쟁 특수에 힘입어 경제 부흥을 이루고, 유럽 중심의 대서양 문명이 미국 중심의 태평양 문명으로 넘어오면서 20세기 후반 세계 경제대국 2위까지 오른다. 미국의 속국이 되다시피 '알아서 기는' 전략을 취함으로써 '넘버2'가 된 셈이다.

한국도 일본 못지않게 알아서 기었다. 속국이라는 인식조차 못할 만큼● 미국의 비위를 맞춘 덕분에 수출길이 열리고 잇따라 중국이라는 거대시장이 열리면서 경제가 급성장했지만, 중국 경제가 가라앉고 미중이 신냉전에 돌입하자 고래 싸움에 등 터지는 새우 신세가 되었다. 이는 교육으로 풀 수 있는 문제가 아니다. 주변 상황이 어려워지면서 더욱 교육에 올인하게 되는 것은 달리 길이 보이지 않기 때문이다. 교육 문제가 사실상 교육의 문제가 아니므로 문제 설정을 달리 해야 한다. 경쟁을 부추기는 입시 제도를 바꿈으로써 문제를 완화할 수는 있겠지만, 교육에 올인하지 않아도 되는 길을 보여줄 수 있어야 교육 문

● 일본에서는 최근까지도 지식인들 사이에서 '일본속국론'이 거론될 정도로 일미 관계에 대한 문제의식이 살아 있는 반면 한국에서는 90년대 이후 한미 관계에 대한 문제의식이 거의 증발했다.

제가 풀린다.

사실 교육개혁에 희망을 거는 것 자체가 환상에 가깝다. 교육을 개혁함으로써 사회를 바꿀 수 있다는 생각은 문제의 원인과 결과를 혼동한 것이다. 입시 문제는 온 나라가 교육에 올인함으로써 빚어진 결과일 뿐이다. 교육에 올인하게 된 조건이 바뀌지 않으면 문제는 해결되지 않는다. 국공립대 통폐합 같은 고강도 개혁이 이루어진다 해도 학력·학벌 사회가 바뀌지 않는 한 상위권 대학으로 몰리는 현상은 여전할 것이다. 지역별 거점대학이 만들어지면 수도권 쏠림 현상이 완화되고 지역 균형발전에는 도움이 되겠지만, 궁극적으로는 대학에 인생을 걸지 않아도 되는 길이 넓어져야 교육 문제도 해결된다.

교육만이 살 길이라며 다들 교육에 올인하면서 내부의 압력이 점점 높아졌다. 지난 반세기 동안 한국은 인적자원을 개발해 근대화를 이루고 그럭저럭 먹고살 만해졌지만 그 과정에서 아이들이 망가졌다. '자원' 취급을 받은 아이들이 망가지지 않으면 오히려 이상한 일이다. 몇 해 전 학원가에 무려 11년짜리 선행교육 상품이 등장했다는 것은 더 이상 내부를 쥐어짤 수 없는 지경에 이르렀음을 말해준다. 최근에는 초등 의대반이 개설되어 고등학교 수학과정을 가르친다고 한다. 합계출산율 0.72는 그 결과인 셈이다. 더 이상 교육(대학입시)이라는 좁은 길에 몰려 서로를 압박할 것이 아니라 다른 길을 열어야 한다.

길은 있다, 우리가 가지 않을 뿐

바다도 그 길 중 하나가 될 수 있다. 어릴 때부터 "3면이 바다"라는 말을 귀에 못이 박히도록 듣지만 우리 아이들은 바다와 그리 친하지 않다. 바다에서 자기 길을 찾으려는 젊은이도 별로 없다. 어업에 대한 우리 사회의 인식은 매우 부정적이다. 새우잡이배나 원양어선에 관한 소문은 인생막장 같은 느낌을 준다. 국가 차원에서 어업의 선진화를 적극적으로 추진하지도 않았다. 한국의 조선업은 세계 최고 수준이지만 유조선과 군함같은 대형 선박을 만들 뿐 어선을 업그레이드하는 일은 관심밖이다.● 우리나라 연안 어선은 통통배 수준을 벗어나지 못하고 있다. 해마다 새로운 차를 출시하는 자동차업계와 비교하면 조선업계가 어업을 얼마나 홀대하는지 알 수 있다.

해양수산부 장관을 역임하기도 한 노무현 전 대통령이 그렸던 해양강국의 그림을 이후 어떤 정부도 이어받지 않았다. 수산업의 현대화는 북유럽이나 일본에 비해 한참 뒤떨어진다. 3천 톤이 넘는 노르웨이 고등어잡이 배는 첨단 장비를 갖추고 있으며 선원 복지시설이 크루즈에 버금간다.●● 선원의 소득도

● 어선 등을 건조하는 소형 조선소가 전국에 2백여 곳 있지만 수공업 수준의 영세한 업체들이다.

●● 2023년 11월에 방영한 EBS〈세계테마기행〉'노르웨이 고등어잡이 배'는 수산업뿐만 아니라 교육에도 많은 시사점을 던져준다.

노르웨이 어촌 풍경. 배의 규모나 마을의 풍경이 한국 어촌과 사뭇 다르다.
ⓒ 한국수산경제

대졸 회사원 이상이다. 힘들게 대학을 나와서 책상머리에 앉아 일하는 것보다 바다 위에서 자기 길을 찾고자 하는 젊은이들이 늘어나는 게 당연하다. 그에 비해 우리 어선은 규모가 노르웨이 어선의 10분의1에도 못 미칠뿐더러 선원 복지시설도 거의 갖추어져 있지 않아 젊은이들에게 일자리로서 매력이 전혀 없다. 그러니 저임금 외국인 노동력에 의지하는 영세한 어업 수준에 머문다.●

불과 10여 명의 선원이 승선하는 노르웨이 고등어잡이 배 한 척이 우리나라 어선 10척 이상의 생산성을 올린다. 어업 기술

● 최근 제주 해상에서 침몰한 금성호는 129톤 규모로 국내 고등어잡이 배 중 큰 편에 속한다. 승선 선원 27명 중 11명이 인도네시아인으로, 현재 14명이 사망 또는 실종 상태다. 금성호는 34년 된 노후 선박으로, 국내 어선 중 선령 20년이 넘는 노후 선박 비율이 40%에 이른다. '세계 최고 조선 강국'의 실상이다.

을 현대화하면 적은 인원으로도 생산성을 높일 수 있을뿐더러 외국인 노동자로 인한 사회적 비용도 줄일 수 있다. 국가가 해야 할 일은 수산업 현대화의 장기 플랜을 마련하여 적절한 곳에 예산을 투입하는 것이다. 수산업과 농업 등 낙후된 분야를 업그레이드함으로써 생산성을 높이고 청년 일자리 문제를 해결하는 것이 곧 교육 문제를 푸는 길이자 인구감소 시대를 대비하는 길이다. 기술도 있고 돈도 있으니 국정을 맡은 이들이 제대로 하기만 하면 10~20년 안에 사회를 바꿀 수 있다. 국가 비전을 그릴 줄 아는 지도자가 아쉬울 따름이다.

로봇과 AI로 인해 앞으로 제조업 일자리가 늘어나기는 힘들 것이다. 애플사가 생산라인을 텍사스주로 옮긴 것은 더 이상 대규모 노동력이 필요하지 않기 때문이라고 한다. 한국의 경우도 2차산업 일자리가 줄어들고 있고 서비스업은 경쟁이 지나치다. 머지않아 의사나 변호사 일도 AI가 대신하게 될 전망이다. 미래세대를 위해서는 1차산업 일자리의 수준을 높여야 한다. 디지털 문명이 아무리 발달해도 인간은 먹어야 산다. 농업, 수산업 같은 1차산업의 중요성은 인류가 존속하는 한 줄어들지 않을 것이다. 첨단 기술 분야의 인재를 기르는 일도 중요하지만 수산업과 농업, 임업 같은 분야로도 청년들이 진출할 수 있게 길을 열어야 한다.

유감스럽게도 한국의 농업은 어업 못지않게 낙후되어 있다.

여전히 경험에 기반한 소농 중심의 농업에 머물러 있다. 농촌
진흥원이 개량 종자나 영농기술을 개발해 보급하기도 하지만
다국적 기업들의 발 빠른 기술혁신을 따라가지 못한다. 게다가
화강암이 풍화된 한반도의 토양은 토질이 나쁘고, 평지가 넓지
않아 기계화도 힘들다. 미국이나 우크라이나처럼 토질 좋은 농
업국가와의 비교우위에서 절대적으로 불리하다. 중국도 우리
보다 토질이 좋고 인건비가 낮아 중국산 농산물과의 경쟁에서
도 밀린다. 농촌인구가 고령화되면서 농사를 포기하는 가구가
늘고 유휴 농지도 늘고 있지만 농부를 지망하는 젊은이들은 거
의 없다. 청년 귀농 사례가 없지는 않으나 개인의 결단이지 사
회적 수준의 대안은 아니다. 식량 안보 차원에서도 농지를 보
존하고 식량 자급률을 높일 필요가 있지만 젊은이들을 억지로
농사꾼이 되게 할 수는 없는 일이다.

 농업에 비해 어업은 좀 더 가능성이 열려 있다. 땅은 좁지만
바다는 넓다. 해양강국의 꿈을 이루려면 무엇보다 자라나는 세
대가 바다와 친해야 한다. 청소년 시절 학원 뺑뺑이를 돌며 교
과서와 문제집에 파묻혀 지내게 할 것이 아니라 넓은 세상을
바라보며 꿈을 갖게 할 일이다. 정부는 중소형 조선소를 업그
레이드해 첨단 설비를 갖춘 어선과 요트 등 다양한 선박을 건
조해서 세계 시장으로 진출할 수 있게 지원해야 한다. 이는 중
소형 조선업을 활성화하는 일이면서 다양한 해양산업을 북돋

는 일이자 다음세대의 미래를 여는 일이기도 하다. 북유럽에 가서 정작 눈여겨봐야 할 것은 교육이 아니라 수산업을 비롯한 해양산업과 관련 정책들이다.

변방의 한계를 넘어

2020년대에 태어난 아이들이 사회활동을 시작하게 되는 2050년대 한국사회는 어떤 모습일까. 한 해 70만 명씩 태어나던 베이비부머 세대는 거의 세상을 뜨고 있을 테고, 40~50만 명씩 태어나던 밀레니얼 세대는 은퇴기에 접어드는데, 2020년대에 태어나 막 경제활동을 시작한 젊은이들은 그 절반에도 미치지 않는 인구구성비를 가진 사회가 될 것이다. UN 인구전망에 따르면 2050년 한국의 생산가능인구는 현재의 35%, GDP는 20%가 감소할 전망이다. 적은 인구로 생산성을 높일 수 있는 길을 지금부터 찾지 않으면 안 된다.

삶이 더 나아질 것 같지 않은데 아이를 낳아 기를 마음을 먹기는 쉽지 않다. '제 먹을 건 갖고 태어난다'는 전통적인 가치관은 더 이상 힘을 발휘하지 못한다. 먹을 것이 부족하던 시절에는 먹고살 수만 있어도 괜찮았지만 이제 그런 삶을 원하는 사람은 없다. 상대적 가난이 더 사람을 힘들게 만든다. 오늘날 젊은 세대는 아이를 키우려면 적어도 아파트에서 살아야 한다는 것이 전제조건이다. 임대아파트는 물론 아니다. 백만 원이 넘는 패딩 아동복을 너도나도 사서 입히는 시대다. 일거수일투족이 전시되고 비교되는 세상에서 아이를 기르는 일은 사소한 결정 하나하나에도 커다란 스트레스를 동반한다. 내부에 갇혀 전방 위로 압박당하고 있는 형국이다. 적당한 압박은 사회에 활력을 불어넣지만 압력이 지나치면 사회가 와해된다.

지정학적 불리함을 넘어설 수 있는 길을 찾아야 한다. 자라 나는 아이들이 변방의 한계를 넘어 세계로 나아갈 수 있도록. 노무현 시대에 유라시아 대륙을 연결하는 큰 그림을 그렸으나 그 후 국제 정세 변화와 정치인들의 '삽질'로 그림이 엉망이 되 고 말았다. 길이 영영 막힌 것은 아니나 첩첩산중이다. 육로는 막혔지만 다행히 바닷길은 열려 있다. 근해를 넘어 태평양, 오 대양을 무대로 사고하고 행동하는 세대를 길러내야 한다.●

바닷길 말고도 변방의 한계를 넘어설 수 있는 더 넓은 길도 있다. 김대중, 노무현 시대에 닦아놓은 '온라인'이라는 길이다. 젊은 세대에게 더 익숙한 길이기도 하다. 사통팔달 너무 뚫려 있어 온갖 잡동사니들이 쏟아져 들어오기도 하지만 길 자체에 문제가 있는 것은 아니다. 이 길을 어떻게 이용하는가는 우리 에게 달려 있다. 이미 많은 젊은이들이 이 길을 통해 세계 문화

● 해양사학자 주강현 교수가 쓴 『환동해 문명사』, 『해양실크로드 문명사』 같은 책은 해양을 바라보는 새로운 시각을 열어준다.

의 중심으로 들어섰다. 한국 문화가 세계인들의 관심을 끌고 있는 시대에 이 기회를 잘 활용하면 또 다른 길이 열릴 것이다. 아이들이 인류 문화에 기여하는 큰 그림을 그리며 나아갈 수 있게 돕는 것이 기성세대의 역할이다.

사실 길은 어디나 있다. 누군가 먼저 걸어가면 길이 생기는 법이다. 길 없는 길, 다른 사람이 가지 않는 길을 걸을 용기를 내는 것이 필요할 뿐. 대학을 나와서 뒤늦게 요리나 목공, 도배 일을 배워 씩씩하게 자기 길을 걸어가는 젊은이들도 있다. 쉬운 일은 아니다. 하지만 아이들이 "하라는 공부만 하고 있으면" 나중에 어떻게 되는지 지금 많은 젊은이들이 보여주고 있지 않은가. 더 늦기 전에, 아이들을 모두 입시라는 좁은 길에 몰아넣고서 인생을 낭비하게 만들지 말고 넓은 세상에서 하고 싶은 일 하면서 마음껏 살게 하자. ▨

게임이 해롭다는 어른들에게

편 해 문

자유놀이옹호가. 여러 지자체의 실내외 놀이터를 어린이, 시민과 함께 만들었고,
지금은 함께 사는 놀이벗과 『플레이버스–PLAYVERSE』에 자유놀이를 싣고
산간도서 지역 어린이들을 만나며 유랑하고 있다. 최근 『어린이가 어린이로』를 펴냈다.

아이들이 하는 게임에 대해 걱정하는 양육자와 교사가 늘고 있습니다. 이 이야기를 꺼내는 까닭은 걱정을 넘어 '포비아^{Phobia}'라 표현해도 좋을 정도의 공포와 혐오가 빠르게 고착되는 현상 때문입니다. 도드라진 무엇을 지나치게 공격하는 방식은 때로 다른 중요한 문제를 가리는 용도로 오래전부터 쓰여왔습니다. 다른 말을 꺼내지 못하게 억누르는 효과도 큽니다. 더욱이 그것을 다른 모든 문제의 원인으로 환원하는 오류를 인지하지 못하게 만드는 마술이 펼쳐집니다. 우리 아이들을 둘러싼 게임이 그렇습니다. 어린이와 청소년이 사회의 주류 가치를 벗어나 어른들이 생각하는 대로 움직이지 않는 것을 공격하기 위한 물증으로 '게임'은 최적입니다.

그러나 잊지 않아야 할 것이 있습니다. 이렇게 무리한 희생양 찾기와 문제 뒤집어씌우기가 늘 성공하는 것은 아니며 원죄를 벗을 수 있는 것은 더더욱 아니라는 사실입니다.

게임과 함께 교수대에 올려놓기 좋은 주제가 몇 가지 더 있습니다. 스마트폰과 SNS입니다. 최근 국내에 소개된 조너선 하이트의 『불안 세대』에 관한 찬사가 쏟아지고 '디지털 금지와 차단'이라는 저자의 견해에 동의하는 물결을 보면서 저는 우리 인문사회 정신의 빈곤함을 확인합니다. 더불어 어린이와 청소년이 놓인 현실에 관한 내재적 접근의 허약함도 함께 보았습니다. 스마트폰과 SNS에 빠져 있는 아이들 모습이 보기에 안 좋으니 금지하고 차단해야 한다는 주장은 매력적입니다. 이 책의 부제 또한 원문을 한껏 부풀린 '디지털 세계는 우리 아이들을 어떻게 병들게 하는가'입니다. '병들었다'라는 말까지 쓰며 자극하고 겁박하는 까닭이 무엇일까요?

실제로 조너선 하이트는 이 책에서 스마트폰 또는 SNS와 아이들 '병'의 관련성을 증명하고 있을까요? 이 책을 읽은 많은 분들이 앞선 저작이 좋았던 학자의 새 책이니 증명된 이야기를 썼으리라 생각하는 것 같습니다. 그러나 저는 이 책이 저자가 편향된 관점에서 취합한 자료에 따른 일방적 주장일 뿐이라고 봅니다. 엉뚱한 것을 강조하고 과장하고 뒤집어씌워 오히려 아이들이 마주한 실체적 어려움과 고독과 불안과 우울의 원인을 은폐하고 가로막고 있다고 말입니다.[•]

아이들은 스마트폰을 써야 하고 SNS를 해야 합니다. 게임과 스마트폰과 SNS는 어린이와 청소년 삶의 초기 설정값입니다. 부디 아이들이 발 딛고 있는 실존에서 출발합시다.

게임을 어떻게 볼 것인가

게임 이야기를 하면 항상 먼저 나오는 논쟁 지점이 있습니다.

● 『불안 세대』에 대한 긴 논평은 다음을 참조. 편해문, '스마트폰 금지하고 SNS마저 차단하겠다고!', 《오늘의 교육 82호》, 2024년 9–10월)

바로 게임은 놀이인가, 하는 문제제기입니다. 오늘은 이 질문을 돌아가지 않고 정면에서 이야기해보려고 합니다. 게임과 놀이에 대해 혼란과 소모적인 논쟁이 일어나는 까닭 가운데 하나가 대답을 미루고 피하는 데 있다고 봅니다.

저는 게임을 놀이라는 큰 세계의 한 부분으로 보고 있습니다. 그렇다면 연이어 두 가지 질문이 따라옵니다. 게임에 중독되어 나빠지는 아이들을 보지 못했느냐, 그리고 이렇게 게임을 놀이로 볼 수 있느냐입니다. 이에 대한 저의 견해는 단순합니다. 두 번째 질문부터 답하자면 어린이가 놀면서 배우듯이 게임 속에서 배우는 것이 있고 실제 삶으로 확장되는 경우 또한 잦습니다. 게임은 어린이와 청소년과 성인 모두에게 놀이이면서 하나의 생활양식입니다.

그렇다면 게임을 지나치게 변호하는 것이 아닌가 되묻습니다. 여러 어린이에게 물었습니다. 지금 게임을 할까, 아니면 어른들 간섭 없이 밖에서 친구랑 놀까? 어떤 대답이 나왔을까요? 두 번째 답이 압도적입니다. 때로는 우리가 어린이를 크게 잘못 이해하고 있음을 인정해야 합니다. 아이에겐 게임도 필요하고, 현실 세계에서의 놀이도 필요합니다.

이 대목에서 논의의 출발은 왜 아이들이 게임에 그토록 자발적이고 능동적으로 참여하는가에 관한 차분한 고찰입니다. 게임은 많은 아이들에게 성장과 성취의 경험을 안겨줍니다. 이런 경험을 현실에서 할 수 없거나 누군가 차단하고 있다면, 게임은 분명한 선택지입니다. 성장과 성취는 인간의 가장 기본적인 욕구이기 때문입니다. 이 욕구를 억압하는 현실을 짚지 않고 게임을 비난한다면 울림 없는 메아리가 될 것입니다.

게임에 중독되어 아이들이 더 나빠지지 않느냐 하는 첫 번째 질문에도 간략하게나마 답해야 할 것 같습니다. 먼저 우리가 흔하게 쓰는 '중독'이라는 표현은 그렇게 단순하거나 쉽게 붙일 수 있는 것이 아니라는 말을 덧붙이고 싶습니다. 게임을 조금 많이 하는 걸 두고 '중독'이라 하는 것은 과장이며 오류입니다. 그 게임을 언제까지 지속할지도 알 수 없습니다. 어린이와 청소년 시기는 변화의 시기입니다. 중요한 것은, 무엇이든 해봐야 다음 장으로 넘어갈 수 있다는 사실입니다. 이거는 이래서 안 되고 저거는 저래서 안 된다고 막으면 어떻게 그다음 단계로 넘어갈 수 있을까요?

여기서 잠시, 놀이를 긴 시간 붙들고 있었던 사람으로서 놀이의 최선 상태에 다다른 '자유놀이'의 가치와 속 깊은 의미에 관해 게임과 견주어 짧게 이야기해야겠습니다. 특히 아이들의 건강한 성장과 발달에 직접적이고 가장 강력한 도구인 자유놀이는 '자유로운 선택과 자기 지시'에 근거합니다. 다시 말해 무엇을 하고 어떻게 놀 것인가를 놀이 주체가 스스로 선택하고 결정하는 구조입니다. '자유로운 선택'이라는, 놀이에서 가장 중요한 준거로 본다면 게임의 장점과 유익함이 결코 적다고 할수 없습니다. 플레이어가 자기주도적 선택을 계속 하면서 앞으로 나아가는 게임의 속성은 놀이로부터 물려받은 위대한 유산이라고도 할 수 있습니다. 지금으로서는 그 '자유'라는 아름다운 유산을 흥청망청 탕진하는 모습을 서늘하게 바라볼 뿐입니다. 이렇듯 선택과 결정의 방식이 다양하고 자유로운데 어떻게 게임을 멈추라 할 수 있을까요?

물론 게임이 유익한 것으로만 가득한 것은 아닙니다. 게임업자가 중간중간 파놓은 계급과 계층, 등급과 '현질' 같은 부비트랩이 곳곳에 설치되어 있습니다. 선정성과 폭력성, 주머니 털기같은 악의도 존재합니다. 딥페이크처럼 혼돈의 틈을 비집고 기생하는 온라인 범죄와 윤리의 문제는 좀 더 깊은 사회적 논의가 필요합니다. 예를 들어 온라인과 디지털 도구에의 접근성과 사용의 자율성, 자기 선택권은 어린이의 자기 결정을 옹호하는 놀 권리와 충돌하며 논쟁이 예상됩니다. 한 차원 높은 지혜와 냉철함이 양육사와 교사에게 절실한 때가 아닌가 합니다. 자포자기와 밀어붙임, 모두를 경계해야 할 것입니다.

어린이와 청소년이 실제로 자동차 운전을 배우는 데는 신체적 또는 인지적 부족함이 없지만 성인이 되기 전에는 운전면허를 취득할 수 없는 것처럼, 온라인과 디지털 세계에서도 '자신과 타인의 생명 윤리'에 관한 단계적이며 점진적인 기준 마련이 필요합니다. 과정이 순탄치는 않을 것입니다. 지혜와 책임감을 가진 품위 있고 건설적인 논의의 장이 마련되어야 하는 까닭입니다. 게임도 놀이도 다 함께 아이들 가까이 있고 성장에 필요하다는 참신한 사유의 지평을 열어야 합니다.

게임은 해로운가

많은 아이들이 스크린을 보면서 보내는 시간이 학교의 수업 시간보다 더 많은 경우가 분명 늘고 있습니다. 텔레비전이나 태블릿 화면을 장시간 보는 어린이의 뇌파가 뇌사 상태와 유사하다는 연구는 충격적이지만, 차분히 살펴보면 어린이의 뇌가 반응할 만한 것이 그것밖에 없다는 뜻이기도 해서 의미심장합니다. 아이들의 신체는 계속 변하고 있어 그에 알맞은 실제 공간과 환경, 도구와의 만남이 깊고 촘촘하고 넓어야 합니다. 우리는 그러한 것들을 아이들이 스스로 선택할 수 있도록 가꾸며 제공하고 있을까요?

아이들의 실제 삶에서 자유로운 선택과 결정에 관해 우리는 왜 그렇게 인색한 것일까요? 혹 게임도 놀이도 그만하고 그 시간에 공부만 했으면 좋겠다는 의도를 들킬까 두려워 게임을 비난하는 것일까요? 그렇게 한다고 해도 아이들에게 가해지는 일상적 간섭과 제지와 금지의 발자국이 사라지는 것은 아님을 기억해야 합니다. 나아가 현재 어린이와 청소년들이 겪는 우울과 무기력에 대한 혐의를 벗을 수도 없습니다. 게임을 비난하며 화풀이는 할 수 있을지 모르지만 성찰할 여지는 없어집니다.

 게임과 놀이는 피를 나눈 형제자매 사이나 다름없다는 점을 이해해야 합니다. 게임도 놀이도 익숙해지기까지는 숙련 과정을 거쳐야 하는 수고로움이 따르고, 꽤 세련되고 정교한 집중력과 입체적 사고와 같은, 높은 신체적·정신적 기술노 필요합니다. 지금은 게임 시간의 과잉을 걱정하는 동시에 제한적이고 은폐된 자유놀이 시간과 환경의 부재, 그리고 AI 디지털교과서 문제를 따져볼 때입니다. 학교 안과 밖에서 스마트 기기를 막으려 하면서도 교육과정 안에서는 스마트 기기를 두둔하는 모순은 왜 발생할까요? 누군가 일방적으로 게임을 부정하고 나무라고 공격한다면, 저는 그에게 놀이와 놀이 환경, 자유로운 선택과 결정은 어떻게 가꾸고 있는지 묻고 싶습니다.

 앞에서 미루었던 이야기를 이어서 해보겠습니다. 아이들이 정말 게임을 많이 해서 나빠지는 것일까요? 혹시 현실에서는 도무지 자유로운 자기 선택과 결정을 할 수 없어 힘들고 불안하고 답답하고 우울한 나머지 게임에 몰두하는 것은 아닐까요? 저는 후자를 오랫동안 주장해왔습니다. 게임의 문제만이 아닙니다. 현실 세계는 아이들을 밀어내고, 가상 세계는 당깁니다. 이 팽팽함 속에서 그들은 어떤 선택을 해야 할까요?

성인의 간섭과 통제에서 벗어나는 자유놀이는 아이들에게 행복의 샘물입니다. 더 많이 놀수록 더 행복해합니다. 이것이 놀이와 게임이 자유와 불안, 우울과 맺고 있는 상관관계입니다. 아이들이 게임 속으로 대규모로 탈주하고 망명하는 것을 보세요. 현실에서 실제적 연결과 도전과 탐험과 도전이 좌절되니 온라인에서 가열차게 시도하는 중입니다. 얼마나 눈물겹고 그나마 다행인가요? 이 지점을 이해해야 합니다.

심각한 문제는 그것마저 못하게 하는 '염치없음'입니다. 지금 긴요한 것은 아이들에게 둘 다 필요하다는 넓은 아량과 공부입니다. 진단과 평가와 비난은 다음입니다. 게임의 유익함과 해로움은 아직 경합 중입니다. 중요한 것은 게임의 해로움이 확정되었다고 지레짐작하는 과학적 오류에 빠지지 않는 태도입니다. 게임의 해로움은 아직 증명되지 않았습니다. 제가 『불안 세대』를 문제 삼은 것은 그가 인과의 선후 관계를 뒤집고 편집하면서 스마트폰과 SNS 금지를 선동하기 때문입니다. 한쪽은 편들고 다른 한쪽은 억압하면서 풀 수 있는 문제는 없습니다. 게임, 스마트폰, SNS가 그렇습니다.

해로운 것은 다 금지해야 하나

양육자들은 '게임'에 관해서 특별히 걱정과 두려움이 큽니다.

게임 때문에 어린이와 청소년이 그 시기에 해야 할 무언가를 하지 못하거나 방해받는다고 보기 때문입니다. 그러나 세상을 살아갈 아이들은 꽃도 알아야 하지만 뱀도 알아야 합니다. 온라인에서 참과 거짓, 팬덤과 편 가르기 또한 비교와 분석을 통해 가려낼 수 있어야 합니다.

아이들이 있는 많은 가정에서 갈등의 핵심은 게임의 '시간'에 대한 제한과 저항을 둘러싼 양쪽의 팽팽한 줄다리기일 것입니다. 게임 시간이 더 필요하다는 주장과 지금도 많다는 반론 말이지요. 게임의 위해성과 순기능을 논하는 것, 그리고 한창 논쟁 중인 양쪽 입장에 관한 판단은 잠시 내려놓기를 권합니다. 다만, 컴퓨터와 모바일을 이용한 학습의 효율 또는 혁신, 그리고 게임의 해악이나 악영향은 아직 충분히 입증된 바 없다는 말은 강조하고 싶습니다.

현재 놀이 중에서 유익함이 입증된 것은 단연 '자유놀이'입니다. 스무 해 넘도록 어린이의 놀이와 놀이 환경을 공부해왔습니다. 그러다 보니 더러 게임에 관해 저의 견해가 부정적일 거라고 생각하는 분들이 있습니다. 이를테면 게임에 대한 과잉 집착이 아이들에게 미치는 악영향이 크니, 게임을 줄이거나 금지하고 아이를 밖에서 마냥 뛰어 놀게 해야 한다는 견해를 가지고 있을 거라고요. 그렇지 않습니다. 저는 게임 제지론자 또는 금지론자가 아니며 게임이 악의 근원이라고 생각하지 않습니다. 나아가 게임이 어린이와 인류에 끼치는 긍정적인 면이 있음을 분명히 헤아리고 있습니다. 여기에는 약간의 정체 현상이 발생하기 때문에 시간이 필요합니다.

게임이라는 가상 세계 속으로 삶의 공간을 확장하고 그 속에서 공동체를 형성하고 거기서 발생하는 문제에 관해 협업하는, 현실 세계에서 좀체 발현되기 어려웠던 일이 일어나는 것은 긍정적인 지점입니다. 실제 놀이 공간의 부족에서 오는 결핍을 너른 가상 공간으로 이동해 해소하는 것도 다른 시각을 열어줍니다. 대면하지 않아도 친구와 만나 놀 수 있다는 것은 게임의 빛나는 지점이 분명합니다. 특히 내성적인 정체성으로 대면 소통에 어려움을 겪는 아이들에게 온라인 게임은 원활한 신진대사를 돕는 유익한 방식이 아닐까요?

아이들을 아끼고 사랑하는 분들은 해로운 것으로부터 그들을 보호해야 한다고 생각할 수 있습니다. 그러나 몇몇 징후만으로 해로운 것을 다 막아야 하고 금지해야 할까요? 아이들은 양육자와 교사가 걱정하는 것을 스스로 알아차리지 못할까요? 만약 그렇게 생각한다면 그것은 아이들을 향한 '불신'이라고 생각합니다. 그들도 이미 조심하고 있고, 위험을 알아차리고 거기에 빠지지 않는 길을 스스로 찾을 수 있어야 합니다. 아이들은 유능합니다. 그런 함정과 부비트랩을 파악하고 잘 다룰 기술을 익히고 사례를 모으고 분석하며 디지털 삶의 길을 여는

중입니다. 해로운 것은 금지시켜야 한다는 생각은 도덕적으로
는 옳을 수 있으나 교육적으로는 옳지 않다고 생각합니다.

우리는 실수할 수 있고 그것을 통해 배우고 성장합니다. 게
임은 그런 것을 연습하기에 좋은, 오늘날 아이들에게 다가와
봉인이 풀린 매우 유용한 도구입니다. 겁박에 속지 말고 겁박
을 퍼나르지 말고 어떻게 유익하게 쓸 것인지 지혜를 발휘하
고, 그 도구를 사용하는 아이들을 신뢰하는 책임감 있는 어른
이 많아졌으면 합니다. 현실 세계의 실험과 탐험과 모험을 막
아 자유놀이와 단절시켜놓고 아이들에게 또 다른 놀이인 게임
도 하지 못하게 하려는 주장과 시도는 얼마나 가혹합니까? 그
다음 장면을 우리는 감내할 수 있을까요? 위험한risk 것, 해로운
dangerous 것을 해보지 않고 우리는 위험한 것과 해로운 것을 어
떻게 알고 피할 수 있을까요? 검증되지 않은 게임에 관한 겁박
과 두려움으로 아이들의 판단력과 용기, 유능함이 희생되지 않
기를 바랍니다. ▨

교실에서 발견한
협력적 자기주도성의 원리

신 승 엽

'이론 없는 실천은 맹목적이고 실천 없는 이론은 공허하다'고 생각하며
반성적 실천가로 살고자 하는 20년 차 초등학교 교사.

교육의 목적이 '인간 행동의 계획적 변화'라면

학교교육에 임하는 학생들은 대개 능동적이지 않다. 하지만 지금 우리 사회가 요구하는 학교의 모습은 '학습자의 자기주도성'을 강조한다. 이율배반에 가까운 이런 역설적 상황이 학교를 더욱더 어렵게 만든다. 사회가 개별화, 다양화되면서 학습자의 자유를 강조하는 것은 어찌 보면 당연하다. 사유와 자기주도는 엄연하게 다른 개념이지만 둘은 밀접한 관련이 있다. 자기주도성에는 자율과 선택이라는 개념이 포함되어 있으며, 이것은 '자유'의 핵심적인 속성이기 때문이다.

우리 모두는 자유롭고 싶고 자율성을 발현하고 싶다. 그러나 '교육'이라는 범주 안에서 자율성을 발현하는 일은 일반적인 영역에서와 다르다. 교육이라는 개념 속에는 의도와 목적, 구속과 통제의 의미가 선험적으로 담겨 있기 때문이다. 어떤 질서나 규율이 전혀 없는 초등학교 교실을 상상해보라. 아마도 소음의 아수라장일 것이다. 교육은 그 본질상 계획되고 통제된 환경에서 이루어질 수밖에 없다.

그럼에도 불구하고 '자기주도성'이라는 단어는 매력적이다. 다른 무엇보다 학습이 일어나는 가장 큰 동력으로 작동하기 때문이다. 뛰어난 교사, 잘 구성된 학습자료, 쾌적한 환경, 시너지를 낼 수 있는 학습 동료 등 어떤 외재적인 요인보다도 말이다.

그렇다면 자율과 선택을 기반으로 한 '자기주도성'이 일어나게 하려면 어떻게 해야 할까?

교육계에서 널리 통하는 교육의 개념은 '인간 행동의 계획적 변화'라는 정범모 교수의 정의(1968)다.[*] 변화, 발달, 성장은 점진적이면서도 어느 순간 폭발적으로 일어나는 복잡하고 미묘한 영역이기 때문에 단순하게 공학적으로 설명하기에는 어려움이 있다. 그럼에도 불구하고 '인간발달'이라는 가치를 교육의 본질로 둔다면, 협력학습을 필수적 요인으로 볼 수밖에 없다. 인간은 사회를 이루어 살아갈 수밖에 없고, 서로 상생하고 협력하여 '사회'라는 총체를 만들어왔으며 앞으로도 만들어갈 것이기 때문이다.

비고츠키는 인간발달의 원천으로 '사회적 관계' 속에서의 '협력'을 제기했다.[**] "인간다움은 주어지는 것이 아니라 획득되는 것"이며 "인간(생물학적 존재)이 인간다움(문화 · 역사적 주체)을 획득할 수 있는 원천은 사회적 관계"라는 말이다. 또한 "우리가 자기 자신이 되는 것은 다른 사람을 통해서"라고 역설한다.(비고츠키, 『도구와 기호』)

「OECD 학습나침반 2030」 보고서에서는 미래사회에 필요한

● 행동주의적 심리학에 영향을 받은 그의 기능주의적 교육이론은 비판의 여지가 있긴 하다.

●● 비고츠키는 아동이 혼자서는 해결할 수 없지만 다른 사람의 도움을 받으면 해결할 수 있는 문제의 범위를 '근접 발달 영역'이라 정의했는데, 이 개념은 교육에서 중요한 의미를 갖는다.

변혁적 역량으로 '학생 주도성$^{Student\ Agency}$'을 강조한다. 하지만 주도성을 '자신의 삶과 주변 세계에 긍정적으로 영향을 미치는 능력, 의지, 신념'이라 정의한다는 점에서 학생의 주도성만으로 는 유의미한 교수-학습에 한계가 있다고 볼 수 있다. 따라서 학 생의 주도성을 살펴보려면, 그와 함께 '교사의 주도성'도 언급 할 수밖에 없다.

학습자 주도성과 교사 주도성의 협력적 관계

나는 국제 바칼로레아^{IB} 초등 과정^{PYP}● 관심학교와 후보학교, 그리고 인증학교에서 5년간 근무한 적이 있다. IB 프로그램을 운영하고 있는 다양한 국제학교를 시찰할 기회가 있었는데, 특 히 러닝페어 때 5학년 학생들이 스스로 탐구한 결과를 전시하 고 발표하는 모습을 인상적으로 보았다. '공유하는 지구'라는 탐구 주제를 가진 이 팀에서는 환경문제나 인간의 문화적 갈등 같은 내용을 주로 다루었다. 학생들에게 이런 질문을 했다. "탐 구과정에서 선생님은 어떤 역할을 했나요?" 돌아온 답은 "지지 를 해주었어요. 용기와 도전을 북돋아주었어요." 같은 내용이 대부분이었다. "그럼 이런 탐구를 모두 학생들 스스로 했단 말

● International Baccalaureate Primary-Years-Programme

인가요?" 많은 아이들이 부모님이나 친척, 또는 지역인사의 도움을 받았다고 답했고, 일부는 "스스로 했어요"라고 대답했다.

교사의 역할이나 도움에 대해선 구체적으로 드러나지가 않았다. 하지만 학생들이 바다 쓰레기를 채집하거나, 설치미술품 등을 창안하여 제작한 결과를 보았을 때는 기성세대 누군가의 도움을 받았을 것이라 유추할 수 있는 부분이 많았다. 바다로 나가기 위해서 도움을 받았을 것이고, 아크릴 판에 LED 전등을 붙여 만든 미술품도 학생들끼리 수행하기에는 어려워 보이는 부분들이 많았다. 탐구의 내용에서도 초등학교 수준을 넘는 지질학이나 화학식이 등장했고, 역할극이나 퍼포먼스에 필요한 의상도 기성품을 구입한 흔적이 많았다.

다른 학교들의 러닝페어나 학교 공개의 날에 볼 수 있는 알뜰장터나 행사 부스도 마찬가지였다. 학생들의 역량을 의심할 생각은 없지만 학생들의 자발적인 참여 현장 곳곳에는 어른의 도움 없이는 나올 수 없는 결과가 많았다. 탐구 경험이 적은 학생들에게 당연한 일이지 않을까 생각하면서 학교 관계자에게 물어보았다. 결국 학생들의 탐구에 영향을 미치는 교사의 가장 큰 역할은 탐구를 이어갈 수 있는 '꼬리에 꼬리를 무는 질문'을 이끌어내는 것이었음을 확인했다.

• 환경오염의 실태를 조사하고 알리고 싶은데 망설이는 학생

들에게 ⋯ 우리 지역은 바다가 가까이 있잖아. 직접 바다를 찾아가 보는 게 어떨까? (그 학교는 인천 지역에 있었다.)

▪ 오염된 바닷물과 해안가의 쓰레기 사진만 찍어온 학생들에게 ⋯ 바다 시료를 채취해서 분석해보면 어떨까? 물뿐만 아니라 바닷가 흙이나 토양도 가능할 것 같구나. (학교 방송실에서 초광각 어안렌즈를 대여해 좀 더 극적인 효과의 사진 촬영을 지원했다.)

▪ 탐구 결과 전시물을 무엇으로 할지 고민하는 학생들에게 ⋯ 바닷가에 쓰레기가 많았잖아. 그걸 주워오면 무엇을 할 수 있지 않을까? (학생들은 바닷가 그물을 펼쳐 곳곳에 널린 쓰레기를 전시하여 바다 환경의 심각성을 직관적으로 볼 수 있게 제작했다.)

▪ 설치미술품에 조명을 달기 위해 부모님의 도움을 받아 LED 등을 부착해왔으나 전원을 연결하지 못해 무용지물이었다. ⋯ 교사는 콘센트를 따로 연결하여 작품에 전기가 들어오도록 지원했다.

관점을 달리하여 보면, 학생들이 교사의 역할을 인식하지 못하고 '스스로 해냈다!'라고 생각하는 것은 교사의 역할이 더 적확했다는 의미일 수도 있다. 교사가 기존의 방식대로 나서서 이끌거나, 특정 방향으로 몰고 가는 방식은 그들이 '온전히 수행해냈다'는 성취감의 순수성에도 찝찝함을 가져온다. 학습이나 탐구의 과정에서도 오히려 능동적인 동기를 만들어낼 수 없다는 점에서 교사의 역할은 '존재하되 군림하지 않는다' 정도로 비유하는 게 적절할 것이다. 협력하되 과유불급이어서는 안 된다는 의미다. 위의 국제학교 사례에서 "우리가 해냈어요. 선생님은 지지를 해주셨어요"라는 말은 그런 맥락에서 교사의 주도성, 즉 교육을 이끌어내는 적절한 협력에 의한 결과일 것이다. 특히 '질문' 그것은 관계맺음에 있어서 가장 기본적이면서도 실행이 어려운 교육적 행위다.

집단 탐구법에 담긴 협력적 주도성

우리 학교의 '교육과정 발표회'는 2학기 가을 즈음에 공동체 구성원들이 모두 참여하는 축제 형태로 개최된다. 학부모님을 초대해 각 교실 수업은 물론 방과후 학교 수업도 공개한다. 악기 연주나 공연 같은 형식에서 벗어나 교육과정에서 수행했던 과정이나 결과를 그대로 보여주는 것이 요즘 교육과정 발표회의 추세다.

우리 학교는 '지구촌 속으로'라는 주제로 탐구학습을 한 결과를 발표했다. 학생들은 사실 '세계'라는, 우리가 딛고 살아가는 커다란 환경에 민감하게 반응하지 못한다. 대부분의 학생들이 대한민국에서 나고 자랐으며 다른 장소를 경험해본 적이 거의 없기 때문이다. 하지만 지식보다 삶이라는 맥락이 앞서야 하며, 탐구를 할 때는 학생들의 삶의 문제를 매개로 진짜 일 authentic work이 되도록 문제를 설정해줄 필요가 있는데, 이것은 교사의 안내가 필요한 영역이다.

학생들은 지구촌(세계)의 문제를 자연환경의 훼손, 인간의 갈등, 크게 두 가지의 범주로 인식하고 있었다. 탄소 에너지 절감을 위해 자원 절약, 대중교통 애용, 쓰레기 분리 배출 등의 해결책을 제시했고, 학생들에게 조금 더 유의미한, '진짜 일'이 되게 하기 위해서는 이쯤에서 교사의 역할이 필요했다. 지구촌의 문제를 '탄소 에너지 절감'이라는 학생들의 경험과 연결시킨 과정을 소개하고자 한다.

우선 총론적 문제를 제시하며, 하부 주제를 설정하고 관심 집단을 구성하기 위해 이런 질문을 던졌다. "여러분, 등교할 때 어떻게 오나요?" 많은 아이들은 부모님이 태워준다고 답했다 (당시 학교는 광역도시 중심에 위치하고 있었다). 나는 등교 시간, 학교 주변에 교통체증이 일어나는 사진을 보여주며 전교생 중에 몇 명이나 부모님 차로 오는지, 학교 앞에 불법으로 주정차하는 차 때문에 지역 전체가 교통 혼잡을 겪는 경우는 없을지 물었다. 이렇게 도출된 전체 주제 속에 작은 탐구 질문은 "우리 학교 주변의 교통 혼잡 문제는 왜 일어날까?"로 정해졌고, 그것을 탐구목록으로 옮기게 되었다. 학생들이 직접 의식하고 경험할 수 있는 탐구 주제는 '우리 학교 주변의 교통 문제'를 해결해보자는 것이었다.

아이들은 관심 집단을 구성하고 다양한 자료를 수집했다. 나는 우리 학교의 위성지도와 교통체증이 일어나는 모습, 등하교 안전도우미 부모님들의 모습 등을 준비했다. 아이들은 본인이나 부모님의 얼굴이 나오면 집중하며 문제에 더 몰입했다. 당시 언론사의 다큐 제작으로 한 학기 동안 학교를 촬영하고 있었는데, 이때 제작한 '아침시간 불법 주정차로 왕복 16차선 대도로가 상시 체증을 일으키고 있는 영상'을 학생들에게 보여주었다. 학생들은 문제의 심각성을 더욱 깊게 인지하면서, 가장 심각한 체증이 일어나는 곳은 어디인지, 도로는 몇 차선인지, 신호등의 위치는 어떻게 되는지 등 추가 자료를 수집했다.

이런 과정을 거쳐 아이들은 네 가지 질문을 만들었다.

1. 우리 학교 학생들은 얼마나 많이 부모님의 차로 등교할까? ┈┈▸ 설문조사를 해보자.
2. 학교 앞 대로의 교통량은 얼마나 될까? ┈┈▸ 측정해보자.
3. 교통 안전 도우미를 해주시는 부모님은 어떤 생각을 갖고 있을까? ┈┈▸ 인터뷰를 해보자.
4. 학교 주변에 주차장은 어디에 있을까? ┈┈▸ 주차장을 직접 찾아서 지도에 표시해보자.

조사 계획과 수행 단계에서 1번 질문을 위해서는 교사의 도움이 필요했다. 학생들이 가장 많이 모이는 곳이 어딘지 묻자 운동장과 급식실이라고 답했고, 나는 급식실에 설문판을 부착하고 직접 스티커로 붙이게 하는 게 어떨지 제안했다. 영양 선생님과 다른 선생님에게 협조를 구하는 일도 내가 맡았다.

반면 2번은 교사 도움 없이 할 수 있는 일이었다. 학생들은 평소보다 일찍 등교하여 교통량을 측정했다. 스마트폰의 어플을 활용하여 1분간 지나가는 자동차 수를 측정하고 그것을 등교시간으로 편입하여 추산하는 과정을 거쳤다. 아이들은 2번 질문과 동시에 3번도 해결했다. 스마트폰 녹음기로 안전 도우미 부모님을 인터뷰하고, 해결책에 대해 함께 고민했다. 4번 역시 교사의 도움 없이 직접 위성지도에서 주차장을 찾아보고 탐방하면서 주차요금이나 규모, 우리 학교 학부모들의 이용 정도 등을 조사했다.

집단 탐구의 핵심은 이처럼 독립적이면서 협력적인 '조사 수행'의 과정이라 할 수 있다. 집단 탐구가 시작되기 전에 교사는 평가의 결과가 재탐구를 위한 성찰의 원료로 쓰일 수 있기에 탐구의 목적과 준거를 밝혀 두는 것이 필요하다. 목적과 내용, 준거가 없는 탐구는 겉으로 보기엔 활발하고 에너지가 넘치는 듯하지만, 미시적으로 보면 알맹이가 없는 '겉핥기식 탐구'가 될 가능성이 크다.

이후 발표 계획 및 발표문 작성하고 집단별 발표 및 평가라는 일정이 남았다. 발표와 관련한 제반 사항들을 알려주고, 각 집단의 구성원들이 빠짐없이 참여할 수 있도록 관찰, 독려했다. 교사가 강조할 것은 '수단으로서의 협력'에 대한 경계였다. 단순히 좋은 평가를 얻기 위해 참여하는 경향을 방조하거나 조장하면 구성원들은 협력하는 것이 아니라 단순하게 연합하기 쉽다. 타 집단과도 경쟁한다는 인식을 가지게 될 가능성이 있다. 가장 경계할 것은 한 팀의 구성원들 간에 경쟁 분위기가 조성되는 것이다. 때문에 평가는 준거를 분명히 하되, 결과 지향적인 준거보다 과정에서 측정할 수 있는 지표로 선정하는 것이 좋다.

이런 과정을 거쳐 만들어진 결과물, '우리 학교 교통 문제 해결'을 부모님들 앞에서 발표했다. 중심지 그림 지도에 불법 주정차가 빈번하게 일어나는 세 장소를 명시하고 학부모의 자동차 이용 빈도를 표와 그래프로 변환하여 제시했다. 아침 등교 시간 학교 주변 도로의 교통량, 영향 받는 구간을 표시한 다음, 설치 미술작품으로 수많은 자동차들이 거미줄에 걸려 있는 블랙박스를 표현했다. 관람객들에게는 '학교 스쿨버스 운행'을 제안하는 서명운동을 받아 직접 교무실에 전달했다. 집단 탐구는 학급 전체가 협력적으로 문제를 해결하는 공동체적 탐구를 의미한다. 교사와 학생들이 함께 문제해결에 뛰어들 수 있다는 장점과 특징을 가지고 있다.

관계로 연결되는 자기주도성

'반려동물 숍'에서 물건처럼 팔려나가는 동물의 권리에 대해
탐구하는 집단도 있었다. 왜 학교 주변에 반려동물 숍이 밀집
해 있을까 하는 의문으로 탐구를 시작했다가 숍에서 유린되는
동물들을 보고는 내적동기가 생겨나 문제의 심각성을 알리는
활동을 했던 일이 기억난다. 숍을 이용하는 고객과 주인의 인
터뷰를 누가 할지, 동물들의 사진과 영상 촬영은 어떤 절차로
할지, 편집은 어떻게 할지 등 아이들이 교육적 이슈를 가지고
역동적으로 움직이자 자연스레 부모들의 적극적인 도움도 얻
을 수 있었다. 케이지에 갇혀 우는 유기견을 구하자는 설치미
술 작품에 옷가게를 하시는 분이 마네킹을 빌려주시고 유기견
인형 제작에 도움을 주시는 등 협력적인 모습을 보였다.

집단 탐구는 전체에서 따로, 그리고 다시 전체로 형태를 옮
겨가면서 내적동기-조사-상호작용-해석의 모습으로 탐구 과
정 내내 깊은 영향을 끼치게 된다. 탐구의 전 과정에서 구성원
서로의 관계 그리고 교사와의 '관계'는 '주도성'을 좌우하는 핵
심이다. 그리고 그 '관계'에서도 가장 중요한 부분은 '언어'다.
독려를 이끄는 감정적 지지도 말이고, 탐구의 내용을 더 깊고

실제적으로 만들어가는 '질문'도 결국 말이다. 비고츠키가 말한 '도구와 기호' 중에서도 사고의 틀로서의 '말'의 의미를 수업의 실천과정을 통해 체감하는 순간이다. 특히 '낱말은 발달한다'라는 의미를, 관련 개념을 정교하게 다듬어가며 '일반화'로 이끌어가는 과정에서 절실히 이해하게 되었다.

학습자의 주도성은 무엇으로 측정되는지 또 다른 논의가 필요하겠지만 겉으로 보기에 활동적이고 능동적인 모습으로만 '학습자들의 주도성이 살아 있다'라고 성급하게 평하지 않아야 한다. 조금 더 미시적으로 바라보고, 그들의 행위와 말을 살펴보면 주도성이라는 것이 얼마나 실현하기 어려운 일인지를 관찰할 수 있다. 우리는 알게 모르게 사회적 구성원으로 누군가를 모방하며, 배우고 성장해왔다. 그 역사적 과정 속에서 주체성을 가진 개성 있는 자아가 실현되고, 그 객체들이 또 다른 문화를 전수하고 이루며 살아간다. 주체성을 가진 자아가 되기 위해, 즉 주도성 발현을 위해 우리가 잊지 말아야 할 것은 '관계'라는 점을 다시 한번 강조하고 싶다. ◤

교사는 가르칠 수 있을까

곽 노 근

문산초등학교 교사. 초등토론교육연구회 고양모임,
한국글쓰기교육연구회 경기고양모임을 이끌고 있다.

친구 같은 교사, 그 환상에 대하여

친구 같은 교사가 되고 싶었다. 그런 교사가 되고 싶은 데에는 내 중고등학교 경험이 지대한 영향을 미쳤다. 옛날 기억을 소환하여 '라떼는' 이렇게 맞았느니 어쨌느니 하며 무용담처럼 얘기하는 걸 별로 좋아하지는 않지만 잠시 내 학창 시절 이야기를 끄집어내야 함이 얄궂다.

1996년, 나는 어두컴컴한 중학교를 들어갔다. 남중이었고, 선생님들은 깡패 같았다. 따귀는 물론 허벅지, 종아리, 발바닥… 안 맞아본 데가 없다. 정말 크게 잘못해서 맞았냐 하면 그것도 아니었다. 준비물 안 가져왔다고, 이동수업 교실 앞에서 잠시 기다리며 떠들었다고, 시험점수 떨어졌다고 두들겨 맞았다. 학교에 거친 남자아이들이 많아 선생님들도 그렇게 무리를 했는지는 모르겠으나 맞고 또 맞으면서도, 감히 선생님한테 대들 수는 없었다.

고등학교는 외고를 다녔는데, 중학교보단 훨씬 나았지만 여전히 몇몇 선생님은 교복 넥타이를 매지 않았다거나 셔츠를 빼서 입었다는 이유만으로도 지나가는 학생을 잡아 세워 목덜미를 때렸다. 가끔 흥분해서 주먹과 발로 무차별 때리는 선생도 있었다. 나는 결심했다. 저렇게 무지막지하게 폭력을 휘두르는 교사가 아니라 친근한, 친구 같은 교사가 되리라.

교대를 졸업하고 교단에 섰다. 기회였다. 때리지 않고 친구 같은 교사가 될 수 있는. 물론 당시에도 이미 체벌이 허용되는 분위기는 아니었지만 말이다. 당연히 난 아이들에게 친근했고 친절했다. 그런데 이상했다. 아이들은 떠들고 또 떠들었다. 마땅히 지켜야 할 규칙도 점점 무너져갔다.

"얘들아, 조용히 하자."

나긋나긋한 내 목소리는 아이들의 와지지껄 소리에 처첨히 묻혀버렸다. 제대로 된 내 목소리가 들리기까지, 그러니까 수업이 다시 시작되기까지 한참이 걸렸다.

친구 같은 교사이니 쉬는 시간에 아이들과 때로 게임도 하고, 벌칙으로 서로 손등을 때리기도 하면서 놀았다. 그런데 한번은 한 아이가 내 몸을 치고 도망가는 게 아닌가. 아무리 장난이라도 선생님 치는 거 아니라고, 그러면 나도 기분 나쁘다고 일러줘야 하건만 그러기 싫었다. 대신 도망가는 아이를 잡으러 달려갔다. 아이는 도망가고, 나는 그 뒤를 쫓아다녔다. 그렇게 교사인 내가 교실을 휘젓고 다녔다. '교실과 복도에서는 뛰면 안 된다'는 규칙은 온데간데 없었다.

내 물건을 만지는 아이들도 있었다. 나는 '다른 사람의 물건을 만지기 전에 허락을 구해야 한다'는 규칙은 속으로 삼키고 이 물건이 왜 궁금한지 등을 묻고 이야기를 나누었다. 이후 아이들은 스스럼없이 내 물건을 만졌고 심지어 가져가기도 했다.

아이들을 혼내거나 뭐라 하지 않고 이렇게 대화를 나누며 아이들과 함께 놀 수 있는 내가 꽤 그럴듯한 교사처럼 느껴지기도 했다. 한편으론 어느 순간 무언가가 잘못되어가고 있다고 느꼈다. 그러나 나는 여전히 친절했다.

그런데 이상했다. 아이들도 나에게 친절하면 좋으련만 그러지 않았다.

"씹탱구리!"

아이가 내게 날린 강렬한 한마디였다. 아이들의 장난 섞인 말들을 나름의 유머와 농담으로 받아넘겼던 매 순간들이 사실은 조금 아슬아슬했다. 아이들은 조금씩 어떤 선을 넘어가고 있었다. 그 선을 뚫고 나온 이 한마디는 내 몸에 꽂혀 파고들었다. 산산조각이 났다. 나는 보이지 않는 곳에 혼자 조용히 가 숨었다. 웅크리고 또 웅크렸다. 두렵고, 처량하고, 슬펐다.

교대에서 가르쳐주지 않은 것들

내가 교사 노릇을 잘 할 수 있을지 회의감이 들었다. 이렇게 살 순 없었다. 자존감이 무너졌다. 나를 먼저 일으켜 세워야 했다. 그토록 증오했던, 무서운 교사가 되기로 결심했다. 책으로 교탁을 세게 탁탁 내리쳤다. 큰소리로 조용히 하라고 외치기도 했다. 잠깐 조용해지기는 했지만 이내 아이들은 다시 떠들기 일

쑤었다. 그럴 때면 이렇게 말했다.

"조용히 안 해? 선생님이 몇 번 말했어? 선생님이 우스워? 모두 손 머리 하고 눈 감아!!"

그러고선 계속 큰 목소리로 일장 연설을 시작했다(요즘 같으면 모두 아동학대 감이다). 규칙을 지키지 않는 아이에게도 마찬가지였다. 아주 호되게, 무섭게 혼내려고 최선을 다했다. 복도에서 뛰는 아이가 있으면 "누가 복도에서 뛰어! 너 일로 와봐!"라고 소리치며 또 일장연설을 늘어놓았다. 이렇게 호통치는 내 앞에서 순한 양이 되어 아무 소리 못하는 아이들을 보며, 부끄럽지만 솔직히 말해 희열감을 느꼈다. 화도 내본 놈이 낸다고, 처음엔 화내는 것도 어색했지만 계속 하니 제법 자연스러워졌다. 적어도 화내는 순간에는 아이들이 옴짝달싹 못 하게, 바짝 얼어붙게 할 수 있었다.

어느 순간 다시 한번, 또 이렇게 살 순 없다는 생각이 들었다. 친구 같은 교사였을 때보다 자존감이 올라간 건 사실이나(제대로 된 자존감은 아니었을 테나), 마음 한구석이 항상 허전하고 답답했다. 내가 이러려고 교사가 되었던가. 아이들을 꼼짝 못 하게 하려고, 내 앞에서 벌벌 떨게 하려고 교사가 됐단 말인가.

이 고민을 풀기 위해, 뭔가 배워야겠다고 생각했다. 이때부터 나는 온갖 연수를 듣기 시작했다. 내가 연수를 듣는 목적은 오로지 아이들과 잘 만나기 위해서였다. 직무연수 학점으로 인정이 되든 안 되든 그건 중요하지 않았다. 오직 교사로서의 내 성장에 도움이 될 것 같으면 무조건 들었다. 원격연수든 대면연수든 가리지 않았다. 그렇게 들은 수업이 일 년에 무려 500시간 가까이 되기도 했다.

지니샘의 학급운영, 허승환샘의 학급운영, 엄은남샘의 학급운영, 이영근샘의 학급운영, 김성환샘의 학급긍정훈육법(PDC) 등 주로 학급운영이 많았고, '거꾸로교실' 같은 수업 관련 연수도 있었으며, 비폭력대화(NVC), 교사역할훈련(TET) 같은 대화법 관련 연수도 있었다. 그 밖에 다양한 연수를 들으며 세상이 조금씩 열렸다. 지난날을 돌아보며 반성하고 후회했다.

여기서 하나 짚고 넘어가고 싶은 건, 세상이 열린다고 표현할 만큼 인상 깊고 도움이 되었던 그 내용들을 교대 4년 동안에는 전혀 배우지 못했다는 사실이다. '전혀'라고 표현하는 건 너무 과장 아니냐고? 아니다. 정말 전혀 배우지 못했다. 심지어 '학급운영'이라는 과목 자체가 교대 (적어도 내가 다닌 학교) 교육과정에는 존재하지 않았고 지금도 마찬가지다. 학급운영이 초등교사에게는 꽃이라 할 만큼 중요하고 또 중요하다. 그런데 어째서 교대 교육과정은 이 '꽃'을 전혀 심어놓지도 않는단 말인가. 내 방황과 시행착오는 물론 내 책임임을 부인하지 않겠지만 교원양성과정을 짜놓은 이들도 책임이 적지 않다고 생각한다.

친절하며 단호한 교사로 거듭나다

이토록 많은 연수를 들었다고 위에서 떠벌렸는데, 그렇다면 나는 어떻게 변했을까. 내게 가장 인상 깊었던 건, 학급긍정훈육에서 이야기하는 '친절하며 단호한 교사'였다. 그래서 부단히도 그런 교사가 되려고 노력했다. 그렇다면 '친절하며 단호하다'는 건 무언가.

동아리 활동으로 아이들이 교실에서 요리를 하고 있었다. 한 아이가 준비물 중 하나인 케첩을 들고 총 쏘는 흉내를 내다가 실수로 발사해 친구 옷에 묻었다. 이때 친절하기만 한 교사라면 아마도 두 아이를 달래는 걸로 끝낼 것이다. "에고, 괜찮아, 괜찮아. 실수로 그럴 수 있지. 다음부터 조심하면 돼." 그러나 이렇게 공감하고 달래는 것으로 끝나면 아이는 잘못한 것에 대해 배우지 못한다. 잘못에 책임을 지지도 않는다. 이 정도 잘못은 해도 되는 거구나, 생각할 가능성이 많다.

단호하기만 했다면 어떨까? 아마도 호통을 치거나 화를 낼 것이다. "너, 선생님이 먹는 걸로 장난치지 말라고 했지? 친구 옷 어떡할 거야?" 이런 경우 아이는 자신의 잘못을 알긴 하겠지만 책임을 회피하려 애꿎게 옆에 있던 아이 탓을 하기도 하고, 선생님한테 복수하고 싶은 마음이 들기도 할 것이다.

친절하며 단호한 교사가 되기로 한 나는 "실수로 그런 거 알

아. 놀랐지? 그렇지만 케첩이 묻은 친구는 어떤 기분일까? 친구한테 어떻게 해야 할까? 그렇지, 사과하고 친구 옷에 묻은 건 너가 최선을 다해 지워줘야 해"라고 설명하면서 화장실에 가서 얼룩을 지울 수 있게 했다. 어쩌면 정말로 친구 옷을 물어줘야 할 수도 있음도 알려주었다. 아이 마음에 공감을 해주되, 행동이 잘못됐다는 건 반드시 가르치고 책임지는 행동을 할 수 있도록 해야 한다.

어찌 보면 뻔한 말 같지만 교육현장에서는 '친절하며 단호한' 태도보다 지적과 꾸중이 앞서는 경우가 생각보다 많다. 교사들은 작년 교권 사태 이후 '공감'이란 말이 지긋지긋할 것이다. "우리 아이 마음, 공감은 해주셨나요?"라는 '공감 강요' 때문에. 그 마음은 충분히 이해하지만 그렇다고 포기해서는 안 된다. 당연히 '공감'으로만 끝내서도 안 된다. 잘못한 행동에 책임져야 한다는 단호함이 함께 있어야 한다. 잘못을 알려주고 아이가 책임을 회피하려 할 때 결코 물러서지 않는 단호함. 그러나 윽박지르거나 화내지 않는 단호함.

이후 나는 말도 없이 내 물건을 가져가는 아이에게 이렇게 말한다. "지금 연필이 필요한가 보구나. 그런데 지금 무엇이 잘못됐을까?" 대부분의 아이는 민망해하며 이렇게 대답한다. "말하지 않고 가지고 간 거요." 그러면 이어서 이렇게 말한다. "맞아. 잘 알고 있네. 그럼 연필을 원래대로 놓고 처음부터 다시 해보자." 아이가 "선생님, 저 이거 빌려가도 돼요?"라고 하면 "그렇지, 잘했어. 다음에도 이렇게 하는 거야. 자, 연필 빌려가세요"라고 얘기한다. 덧붙여 정말 중요한 게 또 하나 있는데, 아이의 행동에 나아진 점이 있거나 잘 따라오면 사소한 거라도 칭찬해주는 걸 잊지 않아야 한다.

친절함과 단호함으로도 지도가 안 되는 경우

해보지 않고는 모른다. 이 '친절하며 단호한' 생활지도가 얼마나 큰 효과가 있는지. 웬만한 경우라면 이 방식으로 거의 모든 문제가 풀린다. 예를 들어 수업 중에 갑자기 배고프다며 계속 징징대는 아이가 있다고 하자(저학년에서는 정말 흔히 있는 일이다). 배고픔에는 공감해주되 어쩔 수 없이 기다려야 할 때도 있다는 것, 그리고 수업 시간에 그런 말을 하는 건 다른 친구들을 방해하는 일임을 또박또박 설명한다.

공감을 받았기에 아이의 투정은 한풀 수그러들지만, 또 자기도 모르게 "배고파"를 연발할지도 모른다. 그럴 때 한층 더 짧고 단호하게 "배가 고파도 지금은 수업시간이니 어쩔 수 없이 참아야 해"라고 일러준다. 다시 또 배고프다고 하면? 그냥 검지손가락으로 조용히 하라는 표시를 하며 "지금은 수업시간"이라고만 하면 된다. 이렇게 한다면 대부분의 아이들은 말하는 빈도수가 훨씬 줄어든다. 그리고 아이도 견디는 힘을 점점 길러갈 것이다.

그러나 이 방법이 먹히지 않는 아이도 있다. 가정에서 참고 견디는 경험을 거의 해보지 않은 아이, 떼쓰고 소리쳤을 때 모든 게 받아들여진 경험만 있는 아이, 반대로 너무 엄격하고 무섭게 통제만 당한 아이는 외려 다른 공간에서 통제가 되지 않는다. 친절함과 단호함으로 대응했음에도 여전히 큰 소리로 "배고파~" 하고 노래를 부르는 지경이라면? 그럴 때면 아이 앞에서 1, 2, 3을 센다. 이런 말과 함께.

"네 행동이 수업을 방해하고 있어. 선생님이 하나, 둘, 셋을 셀 동안 스스로 조절해줬으면 좋겠어. 만약 셋을 세도 안 되면 잠시 다른 곳에 가서 조절될 때까지 있다가 올 거야."

그래도 행동이 멈추지 않는다면 아이를 실제로 다른 공간으로 '분리'시킬 필요가 있다. '분리'는 '교원의 학생생활지도에 관한 고시'(교육부고시 제2023-34호)에 나와 있는 내용으로, 제도적으로 뒷받침되는 생활지도 방법 중 하나다. 우리나라에서는 학교에서 학생을 분리하는 방식이 어색하고 생소하게 느껴질지 모르겠지만, 많은 교육선진국에서는 훨씬 강력한 분리 제도를 시행하고 있다.●

● 수업 중 아동을 분리시키는 것에 대해 일부 학부모나 인권운동가들은 인권침해로 보기도 하지만 기우라고 생각한다.

물론 분리가 가혹하거나 폭력적인 방식으로 이루어져서는 안 되지만, 교육적으로 필요하다고 판단한다면 어떻게든 분리를 관철하는 것이 맞다. 고시에도 나와 있듯이 학부모를 학교로 부르는 방식으로라도 관철시키는 그게 바로 '단호함'이다. 아이는 어떤 행동들은 하면 안 된다는 것을, 어떤 행동은 내가 아무리 하고 싶어도 할 수 없다는 것을 배워야 하고 몸으로 익혀야 한다. 분리 이후 교실로 돌아온 아이가 갑자기 문제행동을 멈추고 그림같이 앉아 수업을 들을까? 당연히 그렇지 않다. 긴 시간 굳어진 습관이나 문제행동이 한 번에 사라질 리 없음을 교사와 아이 모두 인지하고, 수십 번이고 반복해 가르치면서 변화를 기다려야 한다.

분리제도가 물론 근본적인 해결책은 아니다. 근본적인 해결을 위해서는 말할 필요도 없이 사회구조적 모순을 건드려야 한다. 문제행동을 보이는 많은 아이들은 고스란히 가정의 문제를 안고 있다. 부모의 문제를 아이도 안고 있거나, 가정에서 제대로 배우지 못한 경우도 많다. 가정의 문제는 부모만의 책임이 아니라, 더 큰 구조적 모순에서 비롯한다. 계급 문제, 브레이크 없는 자본주의 등 사회문제와 시스템 개혁을 위해 목소리를 내는 것도 당연히 필요하다. 그러나 당장 실천할 수 있는 소소한 방법들 또한 근본적인 해결책이 아니라는 이유로 외면하거나 부정적으로만 바라볼 필요는 없을 것이다.

교사의 가르칠 권리

교육은 학생을 위해 있는 것이다. 나는 교육에 있어 (소중하지 않은 사람이 어디 있을까마는) 교사보다 학생이 더 중요한 존재라고 믿는다. '교육권'이라고 했을 때 일차적으로 그 교육권은 학생의 교육권, 즉 '학생들의 교육받을 권리'를 의미해야 한다고 생각한다. 하지만 학생들의 교육권이 제대로 보장받기 위해서라도 교사의 교육권, 즉 '교사의 가르칠 권리'도 중요하게 보장받아야 한다. 교사의 가르칠 권리가 보장받기 위해서 교사 개인으로서는 친절하며 단호한 태도로 아이들을 대하는 것이 필요하고, 제도적으로는 '분리'와 같은 생활지도 방법의 체계적 도입이 시급하다.

교사에게 제도적으로 뒷받침해줘야 할 또 하나의 권한으로 '물리적 제지'를 들 수 있겠다. 이 또한 앞에서 얘기한 '학생생활지도에 관한 고시'에 들어 있는 조항이긴 하나, '분리' 조항과 마찬가지로 일각에서 비판을 받고 있다. 뉴스에서 한 남자중학생이 분노에 휩싸여 교실의 물건을 부수는 장면이 나왔다. 겨우 진정돼 자리에 앉은 아이의 손에는 커터칼이 있었다. 교사는 쩔쩔 매며 주변에 서서 아이를 달래기 바빴다. 이럴 때 섣불리 아이를 제압하는 것도 조심스러운 일이긴 하나 최소한, 그 아이의 칼이 다른 이나 자신을 향했을 때만이라도 제지할 수 있어야 한다. 당연한 얘기 같지만 지금까지는 섣불리 그럴 수가 없었다. 아이의 몸을 붙잡고 제지하다가 아동학대 신고를 당하고 형사처벌을 받은 경우가 생각보다 많기 때문이다. 아시다시피 이 물리적 제지 조항이 체벌을 허용하거나 부적절한 신체접촉을 용인하라는 이야기가 결코 아님을 이해했으면 한다.*

힘들고 우울한 현실 속에서도 나는 아이들 가르치는 게 참 좋은데, 지난 11월 5일 방영된 MBC 〈PD수첩〉 '아무도 그 학부모를 막을 수 없다' 편을 보고 다시금 우울해졌다. 방송은 학부모 한두 명이 끊임없는 고소, 진정, 악성 민원으로 한 학교를 어떻게 파괴했는지를 소름끼치게 보여준다. 친절하며 단호한 방식이든, 분리 제도를 활용한 방식이든, 일부 '괴물 학부모'가 작정하고 휘저으면 모두 무력화시킬 수 있는 현실을 눈으로 확인하니 무기력해지지 않을 수 없다.

이런 상황을 막기 위해 일단은 학부모와 교사가 직접 연락을 주고받는 경우를 최소화하거나 없애야 한다. 개인 전화번호 비공개는 당연하고, 민원은 학교 전화나 이메일, 학교 민원대응팀 등을 통해 소통하는 게 맞다. 또한 학부모회와 같은 공식적이고 민주적인 기구를 활성화해야 한다. 학부모 한두 명에게 학

● 학교의 장과 교원은 자신 또는 타인의 생명·신체에 위해를 끼치거나 재산에 중대한 손해를 끼칠 우려가 있는 긴급한 경우 학생의 행위를 물리적으로 제지할 수 있다. 이 경우 학교의 장과 교원은 교직원에게 도움을 요청하거나 주변 학생에게 신고를 요청할 수 있다. _「교원의 학생생활지도에 관한 고시」 12조(훈육) ③항

교 전체가 휘둘리는 상황은, 민주적 통제가 전혀 작동하지 않은 상황이라 할 수 있다. 그동안 형식적으로 학부모회를 구성해온 면이 없지 않다. 이를 개선해 학교에 문제 제기를 할 때는 학부모 자치기구인 학부모회를 통하는 것이 건강하고 민주적인 방법일 것이다.

이런 사태에 큰 영향을 준 '아동학대처벌법'도 서이초 사건 이후 '정당한 교육활동은 아동학대로 보지 않는다'고 개정되었지만, 여전히 '의심'만으로도 아동학대 신고를 할 수 있는 조항은 손질할 필요가 있다. '가정 내 아동학대'는 은밀히 이루어지는 경우가 많기에 의심만으로 신고를 할 수 있어야 하지만, 비교적 열린 공간인 학교에서도 똑같이 적용되고 있는 상황은 교사의 교육활동을 위축시킨다. 무책임하게 고소를 남발하는 이들에게도 '무고죄'가 더 용이하게 적용될 수 있도록 법령이 바뀔 필요가 있다.

여러 우울한 전망 속에서도 교사들이 살아남기를 바란다. 일단은 살아남아야 아이들을 가르칠 수 있으니까. 포기하지 말고 힘내자는 말이 얼마간 폭력적으로 들릴 수 있다는 걸 알면서도, 그래도 힘냈으면 좋겠다. 선생님들이 살아남아 교실에서 아이들을 가르칠 수 있기를, 바라고 또 바라본다. ✍

교육을 위한 응급조치,
'초등 의대반 방지법'

백 병 환

교육시민단체인 사교육걱정없는세상 정책대안연구소에서 정책팀장을 맡고 있다.

전국 학원의 '초등 의대반' 현황

최근 '초등 의대반'이 뜨거운 감자로 떠오르고 있다. 초등 의대반 관련 사교육은 강남 대치동 학원가에 10여 년 전부터 있었지만 최근 언론보도가 집중되는 것은 정부의 의대증원 발표 후 전국의 사교육 과열지구 중심으로 대치동식 초등 의대반 프로그램이 확산하고 있기 때문이다. 사교육걱정없는세상이 2024년 7월 중순부터 보름 동안 키워드 검색을 통해 전국 17개 시도 학원가 및 과열지구를 중심으로 조사한 결과, 제주를 제외한 모든 지역에서 초등 의대반 홍보물이 발견되었다. 홍보물이 발견된 학원은 89곳, 개설된 프로그램은 136개로, 이들은 평균 4.6년의 선행학습을 시행하고 있었다.●

대표적인 선행 상품인 초등 의대반 프로그램은, 학원마다 다른 명칭으로 운영되고 있지만 대체로 중학교나 고등학교 과정을 앞당겨 교습과정을 운영하는 특징이 있다. 현재 의대 입시에서는 수시와 정시를 막론하고 수능 영향력이 특히 크다고 볼 수 있다. 수학능력시험은 사고력과 통합적 사고력을 평가하는 최초 도입 취지에서 벗어나 출제 패턴의 경험 여부가 성적을 좌우하는 방향으로 변질되었고, 상위권 등급을 위해서는 사교

● 지역별로는 서울이 28곳으로 가장 많았고 경기 20곳, 대구 10곳으로 뒤를 이었으며, 경북 칠곡에서도 홍보물이 발견되었다.

육이 필수가 되었다.
이런 대입제도 아래
에서는 의대 진학 경
쟁을 위해 조기 선행
학습과 속진을 통한
반복 학습이 유리한
고지를 선점하는 필
수 코스가 된다. 단적

강남 대치 G학원의 '초고속 선행'

※선행 속도=(학습 범위×12개월)÷학습 개월

대상	학습 범위, 6개월 기준											선행 속도
	초2	초3	초4	초5	초6	중1	중2	중3	고1	고2	고3	
초2												6배속
초3												10배속
초4												10배속
초5					의대 프라임 1반							12배속
					의대 프라임 2반							14배속
초6					의대 프라임 1반							10배속
					의대 프라임 2반							12배속

자료: 사교육걱정없는세상

초등 의대반
선행학습 단계

인 예로 대치동의 G학원은 일반 교육과정보다 무려 14배나 빠
른 속진 선행학습 프로그램을 운영한다. 정도와 수준에서 차이
가 있지만 대부분의 초등 의대반은 G학원과 같이 선행, 속진,
반복이라는 공통적 특징을 보인다.

이러한 행태는 학원 등록 전부터 이루어진다. 2018년 초등
의대반을 운영하는 대표적인 프렌차이즈 학원에서 초 2, 3학년
생을 대상으로 실시한 레벨 테스트 문항을 분석한 결과, 초등
교육과정 범위 안에 있는 문항을 단 한 개도 찾을 수 없었다. 더
구나 초등 의대반은 사전 테스트로 수업을 따라갈 능력이 있는
학생만 선발하기 때문에 이를 위해 또 별도의 학원을 다녀야
하는 실정이다. 기존의 공교육정상화법에는 선행학습을 유발
하는 광고와 선전을 해서는 안 된다고 명시하고 있지만, 학원
등록 전부터 이루어지는 레벨 테스트와 그것이 부추기는 선행

학습에 대해서는 아무런 효력이 없다.

초등 의대반이 교육계에 미치는 영향

하지만 초등 의대반 프로그램의 교육적 효과에 대해서는 회의적인 의견이 많다. 한국교육개발원에서는 조기 선행학습이 학습 성취도에 미치는 긍정적인 효과가 크지 않으며, 오히려 학습 흥미와 창의력 발달에 부정적인 영향을 미칠 수 있다는 연구 결과를 발표한 바 있다. 즉, 학생들이 진도에 얽매여 수박 겉핥기식으로 학습하게 되면서 장기적으로는 학습에 대한 흥미를 잃고 창의력 발달을 저해할 수 있다는 것이다.

지나친 조기 학습이 아이들의 뇌 발달을 저해할 수 있다는 사실이 알려지면서, 이에 대한 우려는 더 커지고 있다. 전문가들은 과도한 학습 압박이 아이들의 정서 불안, 스트레스 과부하, 자존감 저하 등 심각한 문제를 낳을 수 있다고 경고한다. 국민의 건강을 책임지는 의사가 초등 의대반과 같은 불량 사교육을 통해 배출되는 것은 넌센스이다.

초고도 선행교육의 폐해는 초등 의대반과 같은 사교육을 받는 일부 학생들 개인의 문제로 그치지 않는다. 2014년 공교육 정상화법이 사교육에서의 선행교습을 사각지대로 남겨둔 채로 제정된 지 10년 만에 사교육에서의 선행교육은 더 기형적으로,

더 악성으로 자랐다. 그사이 선행 사교육에는 '학교교육의 스포 일러spoiler'라는 별칭이 붙었다. 현재 학교에서 발생하는 교육 주체들 간의 갈등이 모두 선행 사교육 때문이라고 단정할 수는 없지만 이런 흐름이 학교교육의 역할과 교사의 가르칠 권리를 위축시킨 것만은 틀림없다.

이를 방치하면 공교육은 더욱 부실해지고, 어떤 사교육을 받는지가 교육과 삶의 수준을 결정짓게 될 것이다. 특히 초등 의대반과 같은 프로그램은 높은 학원비와 교재비가 필수적인 상황에서 학생들 간 교육 격차는 더 커질 것이며 이는 우리 사회의 교육 불평등을 한층 더 심화시킬 것이다. 초등 의대반과 같은 초고도 선행 사교육의 위해성은 의대 진학을 다투는 상위권 학생 혹은 일부 계층의 문제가 아니다. 초등 의대반은 교육 생태계를 파괴하는 교란종이다.●

교육을 위한 응급조치

이에 관한 법률을 제정해 초등학생의 과도한 선행교육을 억제해야 한다는 의견이 대두되며, 올해 9월 30일 조국혁신당 강경숙 국회의원과 사교육걱정없는세상은 국회 기자회견을 열어

● 초등의대반 방지법 서명운동이 진행 중이다. noworry.kr/stoppreedu

'초등 의대반 방지법' 발의를 선언했다. 이 법안은 선행교육에 아무런 규제 조항이 없었던 기존 「공교육정상화법」의 사각지대를 해결할 일부 개정안이다. 이 개정법안은 사교육 기관이 초등학생에게 중·고등학교 과정을 가르치는 등 학교급을 넘어선 선행교습과정을 운영하는 것을 금지한다. 학원에서 제공하는 레벨 테스트 역시 공교육 과정을 넘어서지 않도록 규제하는 내용과 함께 위반 시 과태료를 부과하는 등의 처벌 조항을 포함하고 있다.

초등 의대반 방지법은 김영란법이 만연했던 청탁과 뇌물에 경종을 울렸듯 경쟁적 선행 사교육의 비정상성, 위해성을 널리 알리는 신호탄이 될 것이다. 이는 학원법 4조 1항이 명시한 학원 설립 운영자의 건강한 책무를 부정하고, 모든 사교육을 원천 차단하는 법이 아니다. 초등학생에게 고등학교 미적분을 주입하듯 가르치며, 그것이 마치 첨단 교육이라도 되는 듯 퍼져나가는 퇴행에서 학생들을 보호할 울타리이자 공교육을 보호할 최후 저지선이다. '민주사회를위한변호사모임'은 지난 8월 의견서를 통해 초등 의대반 방지법이 "자정 능력을 상실하여 과도한 경쟁을 가속화하는 사교육시장을 바로잡고 학교교육의 정상화를 도모하여 학생의 건강권, 발달권, 휴식권, 행복추구권을 보장하는 정당한 법안"이며, 최소 침해의 원칙을 충족 등 헌법에 부합하는 법안이라고 밝혔다.

지지율이 10%대로 떨어졌음에도, 지난 11월 5일 대통령은 교육개혁을 위시한 4대 개혁을 끝까지 완수하겠다고 밝혔다. 현 정부가 의대 증원 결정을 유예하거나 수정할 가능성은 거의 없다. 교육 정책도 전향적으로 내놓을 조짐이 전혀 보이지 않는다. 교원의 74%가 반대하는 AI 디지털교과서를 강행하고 있으며, 사교육 대책도 근본적인 혁신과 무관한 수박 겉핥기식 정책을 반복해 내놓을 뿐이다. 대안을 찾기 위해 중장기 교육발전계획을 수립하는 국가교육위원회로 시선을 돌려보지만 더욱 앞이 깜깜하다. 국가교육위원회는 '교육정책을 사회적 합의에 기반하여 안정적이고 일관되게 추진하겠다'는 본래 도입 취지와는 정반대로 '오'작동하고 있다.

최근 유아 의대반까지 등장한 상황에서 아무 대응도 하지 않는다면 어쩌면 우리는 '태교 의대반' 홍보물까지 보게 될지 모른다. 이미 10년간 경험했듯 최상위권에서 시작된 선행학습 경쟁은 모두를 경쟁에 뛰어들도록 만들 것이며, 아이들은 더 과중한 학업 부담으로 고통받게 될 것이다.

발의 이후 일각에서는 '학부모의 자연스러운 욕망을 법으로 통제하는 것은 타당하지 않다'며 입법 만능주의를 거론한다. 또는 과거 2000년의 과외금지법안 위헌 판결을 떠올리며 이 법안이 사교육업자의 자유와 학생·학부모의 선택권을 침해해 결국 통과되지 못할 것이라고 말한다. 그러나 자정 능력을 상실한 사교육 행태와 그로 인한 공교육의 파행을 막기 위한 선택지가 무엇이 있는지 묻고 싶다.

과도한 경쟁에 낭비되는 사회적 비용을 막기 위해 경쟁교육을 해소할 대입 정책이나 대학서열화 해소가 필요하며, 학력 차별을 부추기는 채용 문화도 변화가 필요하다. 또 직군 간 안정성과 근무 조건도 개선되어야 한다. 시급히 해결해야 할 근본적 개혁 과제는 셀 수 없이 많다. 그러나 우리 공교육이 처한 상황은, 의사들이 떠난 후 구급차에 실려 응급실을 찾아 떠도는 환자와 같다. 그야말로 '응급상황'으로 지혈과 같은 긴급 조치가 필요하다. 법안은 이미 발의되어 있다. 정치권은 교육의 퇴행을 막을 입법에 서둘러야 하며, 이것을 시작으로 진짜 개혁을 위한 전면전에 뛰어들어야 한다. 초저출생 시대, 아동학대에 가까운 불량 사교육의 확산을 막아야 한다. ◼

요즘 초등학생들의 꿈

이 수 진

곤지암초등학교 교사. 교육정책디자인연구소 정책위원. 2022 개정교육과정,
학생 주도 프로젝트, SW/AI 융합교육 등에 관심을 가지고 수업에 적용하고자 노력한다.

의사 신드롬과 진로 교육의 현주소

쌀쌀한 바람이 불고 잎이 떨어지는 11월이면 수능을 보았던 그 언젠가의 새벽 공기가 떠오른다. 대한민국 수험생들에게 수능일은 그동안 갈고닦았던 모든 것을 쏟아붓는 하루다.

매년 이맘때쯤이면 나는 아이들과 '직업과 진로'를 주제로 이야기를 나눈다. 5학년 실과 '일과 직업의 이해' 단원을 시작하는 시기이기도 하지만, 수능을 치른 아는 형 이야기, 뉴스에서 본 고사장 풍경, 시험 난이도 등에 대해 말하고 싶어 하는 아이들이 많아지는 때라 진로 수업을 하기에 가장 적합하다. 초등학교 진로교육의 목표는 자신과 일에 대한 이해와 긍정적 가치를 형성하고, 다양한 진로 탐색과 체험을 바탕으로 자신의 꿈을 찾고 진로를 설계할 수 있는 역량의 기초를 배양하는 것이다.

하지만 요즘 진로 수업에 고민이 많아졌다. 특히 뉴스에서 의대 정원 확대에 따른 입시 열풍과 무리한 선행교육을 강행하는 초등 의대반 이야기를 볼 때마다, 우리 교육이 나아가야 할 방향에 대해 물음표를 던지게 된다. 교육부와 한국직업능력연구원이 주관한 '2023년 초·중등 진로교육 현황 조사'에 따르면 '의사'는 초·중학생의 희망 직업 중 2순위로 매년 순위가 상승하고 있다.

한국사회에서 '의사'가 된다는 것은 '성공'이라는 단어와 동일하게 여겨진다. 부모들은 아이를 위한다는 명목으로 자녀를 의사로 만들어 자신의 성공한 인생을 증명받고 싶어 한다. 아이들도 부모의 기대에 부응하기 위해, 또는 사회가 만들어놓은 '의사=성공'이라는 프레임에 갇혀 자기 적성을 외면한 채 의대 입시 전쟁에 발을 들인다. 학원 초등 의대반에 합격한 것만으로도 의대에 붙은 듯 기뻐하는 부모들, 자녀를 입시 전쟁터에 한발 먼저 들여보낸 것을 마치 훈장처럼 여기는 상황이 참 씁쓸하다. 2023년 통계청 조사 결과, 학생들의 직업 선택 시 가장 중요한 기준 1순위는 '수입'이었다고 한다. 우리는 언제부터 꿈을 숫자로 환산하기 시작했을까. 연봉이 높을수록 좋은 직업, 안정성이 높을수록 가치 있는 진로, 미래가 보장된 길만이 옳은 선택이라고 말이다.

돈 많은 백수가 되고 싶은 아이들

초등학생들에게 "우리 친구들은 어떤 꿈이 있나요?"라고 물었을 때 단 한 번도 빠지지 않고 나오는 대답이 있다. "돈 많은 백수요!" 한 아이가 당당히 외치면, 교실은 순식간에 웃음바다가 된다. 더 놀라운 건, 절반 이상의 아이들이 고개를 끄덕이며 동의한다는 것이다. 처음에는 농담으로 받아들였던 이 말이 이제는 아이들의 솔직한 마음을 보여주는 창문이 되었다. 아이들의 답변에 핀잔을 주거나 비난할 수만은 없다. '왜 아이들이 그렇게 말했을까'에 초점을 맞추어 그들의 마음을 헤아리고 진짜 진로교육을 고민해야 할 때다.

아이들은 항상 자유롭게 놀고 싶다. 그게 본능이다. 그리고 놀이 가운데서 행복감과 자기효능감을 키운다. 특히 초등학생 시기에는 공부보다 놀이를 통한 학습이 더 효과적인 경우가 많다. 하지만 현실은 녹록지 않다. 아이들은 끊임없이 남들과 비교당하며 경쟁하며 사는 법을 배운다. 학원은 학교 교육과정을 보충해주는 수준으로 진행되어야 하지만 대부분의 학원 프로그램은 현행 학습 수준보다 너무 높아 이해하기 어렵고, 목적을 알지 못한 채 강제 주입식으로 진행되며, 휴식 없이 너무 많은 과제가 부여된다.

최근 강남 학군지에서 학업 스트레스와 정서 불안으로 정신과를 찾는 아이들이 많아졌다고 한다. 학원에서 과도한 선행학습을 해내야 하고 가정에서 쏟아지는 기대도 저버릴 수 없는 아이들이 겪는 몸과 마음의 병은 어쩌면 당연한 현상이다. 피아제Piaget가 말한 구체적 조작기(만 7~11세)에 해당하는 아이들에게 형식적 조작기(만 12세 이후)에 학습 가능한 가설적 사고, 과학적 사고, 체계적 사고의 문제들을 제시하는 선행학습은 부작용을 초래하기 십상이다. 아이가 가까스로 그 진도를 따라간다고 해도 그 개념 자체를 이해했다기보다는 무의미한 모방일 확률이 높다. 피아제는 기존의 지식에 새로운 지식이 더하는 과정에서 인지발달이 이루어진다고 했다. 기존의 지식이 부족한 상태에서 새로운 지식이 들어온다면 인지과정은 제대로 작동하지 못하고, 새로운 지식도 학습할 수 없다는 뜻이다.

학생들은 늘 입버릇처럼 "공부하는 거 별로 안 좋아해요"라고 말하지만, 교사의 눈으로 보았을 때 아이들이 공부를 좋아하는 순간도 꽤 많다. 호기심이 충족될 때, 재미있게 배울 수 있을 때, 칭찬과 인정을 받을 때, 스스로 이해하고 해결했을 때, 좋아하는 과목이나 주제일 때가 그렇다. 아이들이 자신이 좋아하는 일, 잘하는 일을 찾아보고, 마음속에 원하는 꿈을 담아 그 꿈을 실현해나갈 방안을 탐구해보는 기회가 필요하다. 이는 진로에 대한 동기를 높일 뿐 아니라, 학업이나 일상생활의 여러 가지 과업에 대한 성취동기까지 높이는 견인차 역할을 할 수 있다.

아이의 꿈, 부모의 꿈

5학년의 진로수업 시간. 이날은 한 달 전 진로탐색 활동으로 진행한 '다면적 직업흥미 검사' 결과지가 나오는 날이었다. 다면적 직업흥미 검사는 홀랜드Holland 이론에 기초하여 개인의 흥미

유형을 6가지로 나누고 직업의 특성을 비교해 진로에 대한 탐구를 도와주는 검사 도구이다. 설레는 마음으로 결과지를 기다리는 아이들의 표정이 마치 크리스마스 선물을 기다리는 것 같았다. 결과지를 받아 든 아이들의 반응은 제각각이었다.

"와! 저는 탐구형이랑 예술형이 제일 높아요!"

민준이가 자랑스럽게 외쳤다.

"추천 직업은 다큐멘터리 감독이래요! 완전 저랑 잘 맞는 것 같아요."

서연이는 사회형이 가장 높게 나왔다.

"선생님, 저는 상담교사가 추천 직업으로 나왔어요. 제가 친구들 고민 상담해주는 걸 좋아하는데, 이런 게 다 이유가 있었네요!"

그때, 교실 뒤쪽에서 한숨 소리가 들렸다. 민지였다.

"선생님…. 제가 되고 싶은 직업이 결과지에 없어요."

나는 울상이 되어버린 민지의 옆자리로 가서 물었다.

"민지는 뭐가 되고 싶은데?"

"저는 외교관이요."

쉬는 시간마다 항상 학원에서 내준 영어 단어를 외우고, 점심시간 '짬짬이 놀이'에도 영어 숙제 때문에 참여를 못 하던 민지의 꿈은 역시나 외교관이었다.

"음… 선생님 생각에는 민지가 지금 외교관이 되어야 한다고 생각하지만, 정말 흥미 있어 하는 분야는 현재 추천된 직업들일 수도 있지 않을까? 이 검사지가 항상 옳지는 않지만, 검사 문항에서 민지가 좋아하고 싫어하는 걸 토대로 한 결과니까 다시 한번 살펴보자."

검사 결과지를 한참 동안 다시 확인하던 민지는 뭔가 결심한 듯이 내게 말했다.

"선생님, 사실은요… 외교관은 엄마 꿈이에요."

"그런데 왜 외교관이 되고 싶다고 했어?"

"음, 부모님이 외교관이 멋있다고 하셔서요. 저도 멋있어 보여서…."

어렵게 고백해준 민지에게 진짜 꿈은 뭐냐고 묻자 곧바로 "저는 동물 사육사요!"라고 대답한다. 생각해보니 민지는 집에서 키우고 있는 도마뱀 이야기를 할 때 눈이 반짝반짝 빛났었다. 전 교과목 성적이 우수하고, 예술과 디지털 역량까지 두루 탁월한 아이였지만 제일 행복해하던 순간은 동물을 주제로 수업을 할 때였던 것이 불현듯 떠올랐다.

잠시 침묵이 흐른 뒤 민지가 물었다.

"근데 선생님, 꿈 보고서에 외교관에 대해 작성해야 할까요, 동물 사육사에 대해 작성해야 할까요?"

진짜 좋아하는 동물 사육사에 대해 더 탐색해보는 것이 좋을 것 같다고 제안했지만 민지는 두 개 다 작성하면 안 되겠느냐고 물었다. "꿈 보고서를 부모님도 보실 거니까요."

끝까지 부모의 기대를 저버리지 못해 갈등하는 아이 모습을 보니 안쓰러운 마음이 들었다. 흔쾌히 그러라는 말에 자리로 돌아가 열심히 보고서를 작성한 다음 날, 민지가 밝은 표정으로 말했다.

"선생님, 제가 찾아보니까 동물원에서 일하려면 생물학이나 수의학을 공부해야 한대요. 그리고 외국어도 중요하대요. 동물이 다른 나라에서 오는 경우가 많아서 그런가 봐요."

"그래? 그러면 지금처럼 영어 공부를 열심히 하면 많은 도움이 되겠는걸?"

"네, 선생님. 어떤 직업을 딱 정하지 않고 제가 좋아하는 것을 계속 찾아보려고요."

진로 수업 중에 초등 의대반 이야기가 나오자 한 아이는 이런 말도 했다.

"선생님께서 말씀해주신 인생 시계에 따르면 초등학생은 아직 깜깜한 새벽에 해당하는, 무한한 가능성이 있는 나이잖아요. 그런데 공부만 하면 무력감이 들어요. 초등학생 때는 선택의 폭이 넓히고 이것저것 해보면서 나중에 내가 잘할 수 있는 것을 찾아야 하는데 의사만을 목표로 하는 아이는 정상적으로 자랄 수가 없을 것 같아요."

아이들도 정확히 짚어내고 있는 이 문제를 과연 어른들은 모르고 있을까? 민지 그리고 아이들과의 대화를 통해 진정한 꿈은 직업 너머에 있는 삶의 가치, 세상을 향한 따뜻한 마음, 그리고 자신만의 빛깔을 찾는 것이라는 것을 다시 한번 깨달았다. 급변하는 세상을 살아갈 아이들에게 진로란 한 번 정해지면 끝나는 것이 아니라고, 계속해서 성장하고 변화할 수 있는 여정이라고 알려주는 것도 필요하겠다. 학습 성적이나 부모님의 기대에 얽매이지 않고, 자신이 진짜 원하는 게 뭔지를 탐색할 수 있게, 자기만의 속도로 그 꿈을 찾아갈 수 있게 응원하고 지지해주고 싶다. 아이들이 자유를 잃어버린 꿈 말고, 세상을 향한 호기심과 상상력이 담긴 살아 있는 꿈을 꿀 수 있길, 부모가 그린 미래 말고 스스로 꿈꾸는 미래를 응원해주는 사회가 되길 소망한다. ◪

학부모들이 함께 책을 읽으면 생기는 일

윤 현 희

세종시에서 세 아이를 키우는 학부모. 노래 듣기, 영화 보기, 요리하기를
좋아하지만 이 모든 것과 비교되지 않을 만큼 책 읽기를 좋아한다.

학부모들이 모여 무엇을 할까

며칠 전, 초등학교 학부모 독서동아리 단체 채팅방에 어느 회원이 MBC 〈PD 수첩〉 '아무도 그 학부모를 막을 수 없다'는 영상을 공유했다. 회원들은 말로만 듣던 악성민원의 실체에 당황하고 충격을 받기도 했지만 무엇보다도 '영상 속 학부모의 자녀는 괜찮을까?' 걱정하는 마음을 주고받았다. 남의 자식 일에까지 오지랖을 넓히는 것도 잠시, 자연스럽게 회원들의 사춘기 자녀 이야기로 넘어왔고 '사춘기일 때 좋은 책, 균형 잡힌 책을 읽게 하자'고 독서회원다운 다짐으로 대화가 끝났다.

이 독서회는 셋째아이가 초등 2학년일 때 학부모회에서 만든 독서동아리인데 아이가 고등학생인 지금도 회원으로 참여하고 있다. 또 다른 독서모임은 아이가 중학교에 입학하면서 중학교 학부모회에서 결성한 독서동아리인데 여기도 계속 회원으로 참여하고 있다. 그리고 20년지기 독서논술 강사들과도 모여서 매월 독서모임을 하고 있으니 나는 싫든 좋든 한 달에 대여섯 권의 책을 심도 있게 읽어내야 한다. 이 세 개의 독서모임은 내가 제안하고 주도적으로 결성했는데 지금껏 결속력 있게 유지될 수 있는 데는 회원 개개인의 역량과 소속감, 무엇보다 책을 매개로 한 소통이 가장 큰 이유일 것이다.

지난 20여 년간 세 아이의 학부모로서 다양한 학부모회 활동을 하는 동안 가장 뜻깊은 일은 단연코 학부모독서회를 창단한 것이다. 아이가 학교에 입학하면 학부모독서회가 있는지부터 살피고, 없으면 학부모회 주관으로 독서회원을 모집하고 독서 동아리를 만들어 운영했다. 독서동아리를 만들고 싶어서 학부모회장을 지원한 적도 있다는 것을 아는 지인들은 내가 남다른 교육철학을 가지고 학부모와 소통을 꾀했다고 치켜세우지만, 사실 처음 독서동아리를 결성하게 된 것은 지극히 우연이고 개인적인 이유였다.

2012년, 중3이던 첫째가 전교 학생회장으로 선출되면서 나는 당연직처럼 학부모회장이 되었다. 얼떨결에 준비 없이 회장이 되고 보니 모든 것이 생소하고 두려웠다. 당장 학부모회를 어떻게 조직해서 어떤 활동을 할지, 학부모끼리 불편함 없이 소통할 방법은 무엇인지, 학부모들이 외면하고 참여하지 않으면 어떡할지 걱정이 꼬리에 꼬리를 물었다.

그러나 열흘 후쯤 대의원이 구성되어 대의원회를 개최하면서 그 고민은 기우에 지나지 않음을 알게 되었다. 50명이 넘는 대의원은 그해 학부모회에서 시행할 중점 사업에 대해 다양한 의견을 내놓았을 뿐만 아니라 지속적인 학습공동체를 꾸리자는 의견이 많았다. 몇몇 학부모가 사춘기를 요란하게 겪고 있는 자녀와 소통하기 힘들다고 토로하자 많은 학부모들이 공감했다. 학부모들의 의견을 듣다가 불현듯 독서동아리가 떠올랐다. 마침 학생들과 독서·논술 수업을 하고, 지역도서관에서 주부독서회를 운영하던 터라 학부모 독서동아리가 매혹적으로 다가왔다. 학교의 협조와 학부모회의 동의 절차를 거쳐 독서동아리를 결성했다.

학부모독서회가 교육활동 참여로 이어지다

2012년 6월, 22명이 참여한 첫 독서모임의 토론 도서는 이금이 작가의 『유진과 유진』이었다. 유치원 시절 같은 사람에게 성폭행을 당한 '큰 유진'과 '작은 유진' 두 여학생의 이야기로, 부모의 마음가짐과 행동에 따라 아픔을 겪은 자녀가 자신과 세상을 어떻게 대하며 성장하는지를 보여주는 좋은 작품이었다. 몇몇 회원은 자신의 어릴 적 크고 작은 경험을 거침없이 얘기했고, 어떤 회원은 자녀의 성폭행 피해 사실을 이야기했다. 토론이 끝난 후엔 뜻밖의 분위기도 이어졌다. 같은 학교의 학부모로 모임에 참여한 회원들끼리 '여기서 들은 이야기는 비밀에 부친다'는 암묵적인 약속이 만들어졌고 회원들의 끈끈한 연대 의식이 생겨나는 계기가 되었다.

매달 두 번 학교 도서관에 모여서 책 이야기를 할 뿐인데 회원들은 시나브로 학교와 학부모회의 활동에 관심을 가졌다. 모임이 끝날 즈음 누군가는 학교의 교육과정을 궁금해하고, 누군가는 자녀의 학습 정보를 교환하고, 또 누군가는 학부모의 학교 참여 활동을 물어보았다. 급기야 '학생들을 위해 우리가 할 일은 없을까'라며 창의적인 제안까지 나왔고, 일사천리로 진행된 행사가 도서바자회였다. 학생들이 친구들과 함께 좋은 책을 직접 고르고 할인가로 구입하는 기회를 마련해주자는 취지로 3일 동안 진행했는데, 바자회 도서목록 159권은 회원들이 발품 팔아가며 서점에서 직접 고른 책들이었다.

학교의 도움과 학부모의 자원봉사로 바자회는 성황리에 끝났고 바자회 수익금으로 도서를 구입해 학교 도서관에 기증했다. 바자회 행사에 참여하며 짜릿한 성취감을 맛본 회원들은 늦가을 학교축제 때 전교생 북아트 행사를 제안했고, 이 또한 성황리에 끝나면서 회원들의 만족감은 비할 데가 없었다. 독서의 효용이 나를 넘어 자녀가 속한 교육공동체로 퍼져나가는 것을 직접 목격했으니 그 보람이 오죽했을까.

세월이 흘러도 학부모독서회의 첫 경험은 워낙 강렬해서 내 기억에 돋을새김된 것 같았다. 10년 전, 늦둥이인 셋째가 초등학교에 입학하자 나의 관심은 또 책에 쏠렸다. 그래서 저학년인 1, 2학년 모든 교실에 매주 수요일 아침 등교 후 15분 동안 '그림책 읽어주는 학부모' 동아리를 만들었다. 이 시간에 담임선생님들을 교무실에서 짧은 티타임을 갖고, 학부모들은 아이들에게 그림책을 읽어주며 이야기를 나누었다. 또한 학교에 학부모 독서동아리를 제안해 학부모회 주도로 독서모임을 결성해서 지금까지 활발히 이어오고 있다.

학교와 소통하는 동아리

학생들이 학교에서 안정감과 자신감을 가지고 건강하게 생활하는 데는 학부모의 역할이 중요하다. 학부모의 교육활동 참여는 단순한 봉사를 넘어 자신의 능력을 키우고, 교육공동체 구성원으로서의 가치를 찾는 일이기도 하다. 학부모 독서동아리는 다른 학부모 모임과는 성격이 조금 다르다고 할 수 있다.

대부분의 학부모 모임은 학부모지원사업비로 행사 등 일회성 봉사를 하거나 한두 달 단기 운영되는 경우가 많다. 하지만 독서동아리는 꾸준히 진행해야 하니, 매달 두 번은 학교의 장소 지원이 꼭 필요하다. 학교 입장에서 생각하면, 학생들을 위한 모임도 아니고 학교 공간도 부족한데 정기적으로 장소를 비워두는 것이 쉽지 않았을 것이다. 그러나 처음에는 학교의 이런 사정은 생각지 못하고, 학부모 동아리니까 학교 공간을 이용하는 것은 당연하다고 생각했다. 그렇게 거리낌 없이 학교에 드나들던 어느 날, 담당 선생님이 '학생들 중간고사 기간에 학부모님들이 학교에 오시는 것이 불편하다는 의견이 있다'고 조심스럽게 말씀하셨다.

회원들은 "아, 맞다! 우리가 그걸 왜 간과했을까" 하면서 시험기간에는 학교 출입을 하지 않는 것을 원칙으로 정했다. 선생님이 어렵게 전달한 의견을 회원들이 선뜻 받아들이자 학교는 독서동아리를 더 배려해주었다. 학생들이 만드는 독서신문에 '학부모가 추천하는 청소년 도서' 코너를 만들어 지면을 할애해주었고, 학교축제 기간에 독서동아리의 토론도서 북큐레이션 전시를 부탁하고 장소를 마련해주기도 했다.

독서회원들은 모임에 주체적으로 참여했고, 책을 통해 생각이 깊어지고 삶의 태도가 바뀌는 것을 경험했다. 엄마와 아내역할을 하느라 늘 뒷전이었던 자신을 새삼 돌아보았고, 자신에게 집중하는 시간의 소중함을 깨달았다. 무엇보다 늘 책을 곁에 두면서 이야깃거리가 풍부해진 덕분에 자녀와의 소통뿐만 아니라 학교와의 소통도 원활해졌다. 자연스럽게 학교의 교육과정에 관심을 가지게 되고 학교 행사에 적극적으로 참여하면서 보람도 느끼게 되었다. 이런 문화가 바로 학부모 독서모임의 묘미이고, '학교마다 학부모 독서동아리가 있어야 한다'고 주장하는 이유이기도 하다.

믿음이 쌓이는 시간들

독서모임을 하면 '재미'라는 기본값에 '지식과 지혜'가 더해지기도 하지만 시간을 함께 보낸 관계에서 쌓이는 믿음은 특별하다. 그래서인지 서로 나눔도 잦다. 여름 내내 우리 집 현관문 앞에는 고추, 상추, 오이가 놓여 있더니, 더위가 한풀 꺾이자 메리골드차가, 찬바람이 불자 감과 고구마가 책과 함께 놓였다. 지난 모임에서 누군가 다음 독서회 때 유자차를 가져오겠다고 예고하자, 두 달 전에 독서회에 참여한 신입회원이 문득 자기 고백을 했다. 독서회에 처음 참석했을 때 누군가 쌀을 주더니 두 번째 참석했을 때는 미역을 나눠주기에 집에 가서 남편에게 진지한 표정으로 말했다고 한다. "이 독서회 뭔가 미심쩍어. 자꾸 뭘 나눠주는 게 이상해. 사이비 종교단체 아닌가 몰라."

흔히 학부모와 교사의 관계는 불가근불가원不可近不可遠이라고 말한다. 서로가 너무 가깝거나 멀지 않게 적당한 거리를 두는 것은 모든 인간관계에서 필요한 덕목이기도 하다. 부모는 학교에서 아이의 친구 관계가 어떤지, 관심과 소질을 나타내는 과목이나 특정 분야가 있는지 늘 궁금하지만 선생님에게 물어보기는 쉽지 않다. 자칫 내 아이만 특별하게 봐달라는 것처럼 비칠까봐 조심하게 된다. 그래서 아이를 양육하면서 생기는 궁금증이나 불안감을 신뢰할 만한 학부모끼리 해소하는 경우가 많다. 자녀에 대해 나눈 대화가 타인에게 피해를 주지 않고 뒷담화가 되지 않을 거라는 확신이 서면 마음이 놓인다.

책을 매개로 만나는 독서동아리는 서로에 대한 믿음이 전제되고 이는 풍부한 대화로 이어진다. 가족 이야기, 선생님 이야기, 학교 이야기 다 할 수 있지만 가타부타 간섭하거나 비난하는 일은 거의 없다. 그럴 시간이 없기도 하고, 가치 없는 일에 에너지 쏟는 것을 아까워할 줄 안다. 첫머리에서 언급한 〈PD수첩〉의 학부모들도 이런 학부모 독서동아리에 참여했더라면 어땠을까 생각해본다.

'나비효과'라는 말이 있다. 미세한 변화나 작은 사건이 훗날 엄청난 결과로 이어진다는 것이다. 독서동아리를 중심으로 함께 시작한 날갯짓은 학부모들이 학교를 신뢰하고 자녀와 소통하는 원동력이 되고 있다. 한 그루 우뚝 솟은 나무도 멋있지만 나무와 나무가 어울려 더불어 숲이 될 때 더욱 아름답다는 것을 우리는 안다. 학부모들이 둘러앉아 책을 펼칠 때, 나비의 날개가 펄럭이는 선의의 구심점이 만들어질 것이다.

20대 남자

천관율·정한울 씀 | 시사IN북 | 16,000원 | 2019

2019년, 208개 질문으로 구성된 초대형 웹 여론조사를 토대로 '20대 남자 현상'을 파고들었다. '우리 사회는 남성 차별 문제가 심각하다'에 68.7%의 남성들이, '(문재인) 정부의 양성평등 정책이 잘 못하고 있다'에 75.9%의 남성들이 그렇다고 답했다. 페미니즘에 대한 반작용일까 저성장 시대에 따른 90년대생의 반발일까, 아니면 공정에 유난히 민감한 세대가 새로 등장한 것일까, 섣불리 예단하지 않고 모든 가설을 대입해 '20대 남자 현상'을 읽어내려고 시도했다. 공정, 연애, 결혼, 페미니즘, 복지 등 각종 이슈에 대한 응답에서 드러나는 20대 남자들의 생각을 독창적인 방식으로 해설한다. 20대 남성이 집단적 피해의식이나 '여성 혐오'에 사로잡혀 젠더 전쟁을 벌이고 있다는 식의 표피적인 담론을 넘어서는 계기가 될 수 있을 것이다.

젠더 수업 리포트

이유진(달리) 씀 | 오월의봄 | 14,000원 | 2023

성 관련 사건 사고를 마주할 때마다 "그래서 성교육이 중요하다"고 말한다. 하지만 강조되는 중요성에 비해 이미 중요한 것들로 빽빽한 교육 안에 성교육이 들어찰 자리는 매우 좁다. 이런 열악한 환경 속에서도 7년 동안 젠더교육을 해온 활동가가 기록한 우리 성교육의 현장, 그곳에서 마주한 고민을 생생하게 담았다.

성교육이라고 하면 으레 생물학적 설명에 그친다고 생각하는 경우가 많지만 저자는 "생물학적 지식을 비롯해 인권과 젠더, 철학과 윤리까지 아우르며 몸과 세계를 연결해 바라보아야 하는 인식 체계를 담고 있는 영역"이 바로 성교육이라고 말한다. 고정관념을 해체하고 성평등한 가치관을 배우는 시간이며, 민주시민의 기본 자질을 배우는 시간이기도 하다. 성교육에 대한 우리의 인식을 되돌아볼 수 있는 책이다.

페미니즘은 전쟁이 아니다

조안나 윌리엄스 씀 | 유나영 옮김 | 별글 | 17,000원 | 2019

여성의 삶을 사회적 편견과 권력에서 해방시켜온 페미니즘의 공과를
짚는다. 오랜 투쟁의 역사 속에서 페미니즘은 여권 신장에 큰 기여를
했지만, 이런 긍정적 변화를 외면하며 여성을 영원한 피해자 위치에
두고 있는 페미니즘운동의 현실을 지적한다. 이런 접근은 남성에 대한
적대감을 부추겨 오히려 여성의 지위를 떨어트린다는 것이다. 여성을
남성의 피해자로 고착화하는 것, 남성을 구제 불가능한 적대적
존재로 여기게 만드는 것은 남녀 모두에게 도움이 되지 않는다면서
1960년대 페미니즘 운동이 내세운 '해방'의 가치를 재활성활 때가
되었다고 주장한다. 다양한 통계, 세밀한 분석을 통해 예전과 달라진
여성 인권의 현실을 짚으며 여성과 남성 모두에게 손실로 이어지는
젠더 전쟁을 멈추자고 제안한다.

여성시대에는 남자가 화장을 한다

최재천 씀 | 이음 | 18,000원 | 2023

2003년 출간되어 호주제 폐지에 큰 영향을 끼친 책『여성시대에는
남자도 화장을 한다』가 출간 20주년을 맞아『여성시대에는 남자가
화장을 한다』라는 제목으로 다시 출간되었다. 찰스 다윈의
성선택론에서 시작해 여성성과 남성성의 완벽한 이분법적 분리는
불가능하다는 사실을, 번식의 주도권을 쥔 여성이 아닌 남성 중심의
가부장 체제는 과학적으로 불합리한 형태임을 설득력 있게 말한다.
"나는 오래전부터 '알면 사랑한다'는 말을 이마에 써 붙인 채
돌아다닌다. 서로 제대로 모르기 때문에 미워하는 것이라고 생각한다.
남녀관계도 마찬가지다. 우선 서로의 본성에 대해 충분히 알 필요가
있다"며 집필 의도를 밝힌 저자의 말처럼 남녀 갈등이 심한 오늘날,
서로의 존재를 과학적으로 이해하는 데 도움이 될 것이다.

우리는 모두 다르게 배운다
이수인 씀 | 어크로스 | 17,800원

장애가 있는 첫째아이의 학습을 위해 만든 게임이 전 세계 아이들을
위한 학습 앱이 되기까지 에듀테크 '에누마' 대표의 12년간 기록을
담았다. 장애아는 물론, 개발도상국, 난민촌 등 학교를 다닐 수 없는
아이들에게 필요한 프로그램을 개발하기 위한 고된 과정이 생생히
담겨 있다. AI 디지털교과서 도입을 앞둔 지금, 기술과 교육의 관계에
대해 다시 생각해보게 한다.

어린이가 어린이로
편해문 씀 | 소나무 | 20,000원

어린이들의 놀이 시간, 장소, 방법이 점점 더 열악해지고 있다.
한국사회에 어린이들의 놀이와 놀이터에 관한 화두를 던져온 저자가
'오늘의 어린이'에 관한 이야기를 편지글 형식으로 풀어냈다.
아이들이 줄어드는 시대, 더욱 심해지는 생존 압박과 양육 기반의
상실 속에서도 '어린이가 어린이로' 살아갈 수 있는 환경을 만들자고
양육자와 교사들에게 제안한다.

너무나 정치적인 시골살이
양미 씀 | 동녘 | 17,000원

대도시에서 불안정한 노동자로 살아가던 저자가 새로운 삶의
가능성을 실험하기 위해 시골을 선택했다. 저자는 '한갓진 전원
생활'이 아니라 치열한 삶의 공간으로서의 시골을 조명한다.
고착화된 삶터를 민주적인 참여로 바꿔나가는 과정이 흥미롭다.
자치, 행정, 지원금, 정보공개청구 같은 단어로 가득찬 이 책을 보면
'나에게 시골살이란 치열한 저항'이라는 저자의 말을 이해하게 된다.

재앙의 지리학

로리 파슨스 씀 | 추선영 옮김 | 오월의봄 | 19,800원

부유한 국가들은 제조업의 초기 공정을 모두 외주화한다. 세계적
브랜드의 친환경 상품들은 동남아의 판잣집 같은 공장에서 심각한
환경 오염을 낳으며 만들어지고 있다. 자국에서는 오염을 규제하는
법 때문에 많은 자본을 들여 오염 방지책을 마련해야 하지만 이들
나라에서는 그러지 않아도 되기 때문이다. 저자가 '탄소 식민주의'라
이름 붙인 현실의 깊숙한 면을 발로 뛰면서 밝혀냈다.

디지털 시대의 페미니즘

허윤 외 씀 | 한겨레출판 | 20,000원

디지털 기술이 나날이 진화하면서 새롭게 구성된 온라인에서
여성 혐오와 폭력의 범주도 확장되고 있다. 12편의 최신 연구를
토대로 기술-자본-페미니즘에 관한 다양한 의제들을 한데 엮은
이 책은 한국여성학회 40주년 기념 출판물이다. 딥페이크, 사이버
레커, AI의 여성혐오 같은 문제를 보면, 기술에 왜 페미니즘이
적용되어야 하는지를 알 수 있다.

우리 안의 우생학

김재형 외 씀 | 돌베개 | 17,000원

일제강점기부터 최근까지 한국사회에서 진행된 우생학의 역사를
추적하는 이 책은 우생학의 비윤리성을 드러내기보다 우생학이
작동하는 방식을 탐구하는 데 중점을 둔다. 우생학이 어떻게 사회적
약자들을 부적격자로 구분하는지, 그로 인한 차별을 어떻게
자연스러운 것으로 만드는지, 우리가 눈치채지 못하는 사이에 보건,
복지, 교육 등 여러 분야에 차별이 어떻게 녹아드는지 드러낸다.

전국 독자모임

강원 강릉
매월 1회 | 강릉청소년마을학교 날다
kezmann@hanmail.net

강원 동해
매주 수, 오전 10시 반 | 서호책방
seohobooks@naver.com

강원 인제
매주 금, 오전 10시 반
책방나무야

강원 춘천
매월 1회 | 가정중학교
카카오ID Rainbow-96

경기 고양
매주 화, 오전 10시 | 온라인
카카오톡ID bodulbaram

경기 남양주
매월 첫째 토, 오전 9시
위스테이별내
카카오ID songsong_gamza

경기 수원
매월 둘째 화, 오전 10시 | 온라인

경기 안산
매월 둘째 넷째 목, 오전 10시 반
마을숲작은도서관

경기 양평
매주 화, 오전 10시 | 온라인
mykokkirine@gmail.com

경기 여주
여주 민들레학교

경기 의정부
매월 마지막 월 | 꿈틀자유학교
카카오ID ggumtle-free

경기 이천
매월 셋째 목, 오후 7시
우리의놀이터

경기 파주
격월, 파주자유학교 (9월 12일 첫모임)
pajufreeschool@gmail.com

경기 평택
매주 수, 오전 10시 | 강당골사랑방
leyna99@naver.com

경남 거제 (우리이야기)
매월 둘째 목, 오전 10시 빈
카카오ID sunkey83

경남 남해 (상주면)
매주 금, 오전 10시 반 | 상주랑
kongju02@naver.com

경남 산청
매월 셋째 일, 오후 3시
청소년 자치공간 명왕성

경남 합천
매월 마지막 금, 오후 2시 | 토기장이의
집 | 카카오ID pmiyoung36

경북 경주 ①
월 1회, 오후 7시 반 | 새각단농원
as-1127@hanmail.net

경북 경주 ②
월 1회 | 모두누림 경주교육
사회적협동조합 | 불국사 아랫마을
littlemgzine@naver.com

경북 상주
매월 넷째 월, 오전 10시 반
윤찻집 | 상주 참교육학부모회
카카오ID anasts11

경북 영주
매월 셋째 목, 오후 6시 반
카카오ID mitzvah

경북 포항
격주 화, 오전 10시
카카오ID yulim1303

광주광역시 남구
매월 첫번째 목, 오후 7시
스타벅스 광주효천점
카카오ID pillowoo

대구 달성군
매월 첫째 금, 오후 7시
놀삶 마을메이커 스페이스

imagekjs@gmail.com

대구 수성구
매월 둘째 수, 오전 10시 반
마마플레이트

대전 (탄방동)
매월 둘째 화 오후 6시,
둘째 금 오전 11시 | 풀잎대안학교

대전 유성구 (신성동)
매월 둘째 금, 오후 8시
bboniya@naver.com

부산 사하구
매월 셋째 토, 오전 10시
행복한동행 작은도서관

부산 중구
매월 첫째 목, 오후 8시 반
글마루작은도서관

서울 강서구
매월 첫째 토, 오후 3시
개화동 | 카카오ID pulssi

서울 광진구
매월 첫째 셋째 금, 오후 9시
온라인 | aunju74@gmail.com

서울 노원구
3~11월 마지막 목, 오전 10시 반
공릉청소년문화정보센터
카카오ID dahy0610

서울 성북구 ①
매월 셋째 토 | 성북마더센터 맘콩카페
moon.eunjeong@gmail.com

서울 성북구 ②
매월 셋째 금, 오후 7시
석관동미리내도서관

서울 중랑구
매월 둘째 수, 오후 7시 반
중랑 마을넷 사무실
카카오ID watchmanii

울산
월 2회 | 온라인(비정기 대면
모임 병행) | 참교육학부모회
카카오ID esperanto81

울산 동구
매주 목, 오전 10시
더불어숲작은도서관
카카오ID earthing2050

울산 북구
매월 둘째, 넷째 월, 오전 10시 반
한살림 매곡매장
1126suk@gmail.com

울산 울주
매주 월, 오전 10시
삼동초등학교 학부모실
frog4033@hanmail.net

인천 서구
월 1회 | 검단 신도시 근처

카카오ID blackleelove

인천 남동구 (장수동)
매월 첫째 수, 오후 7시 반
열음학교 | 카카오ID shinejka

전남 순천
매월 셋째 금, 오후 7시 | 학교너머
카카오ID samter97

전남 화순
매월 셋째 화, 오전 10시
이서커뮤니티센터

전북 정읍
매주 금, 오전 10시
참교육학부모회 정읍지회
카카오ID samter97

제주 애월
매월 둘째 금, 오전 10시 | 보배책방
카카오ID starwind98

제주 북부
월 1회 오전 10시 | 삼화지구 혹은
조천 | 카카오ID rest4u0320

충남 서천
매주 수, 오후 7시 | 책방, 눈 맞추다
overdye0714@gmail.com

충북 충주
월 1회 | 한살림 호암매장 2층
카카오ID yoonh-1

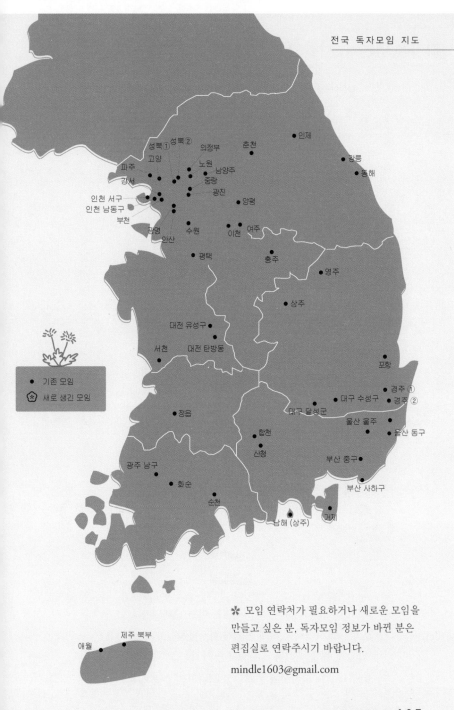

인제

성북 ① 성북 ② 의정부 춘천
고양 노원 남양주 강릉
파주 중랑 동해
강서 광진
인천 서구 양평
인천 남동구
부천 이천 여주
광명 수원
안산 평택 충주 영주
상주
대전 유성구
서천 대전 탄방동 포항
경주 ①
대구 수성구 경주 ②
정읍 대구 달성군
울산 울주 울산 동구
합천
산청 부산 중구
광주 남구
화순 부산 사하구
순천 거제
남해 (상주)

● 기존 모임
✿ 새로 생긴 모임

✻ 모임 연락처가 필요하거나 새로운 모임을
만들고 싶은 분, 독자모임 정보가 바뀐 분은
편집실로 연락주시기 바랍니다.
mindle1603@gmail.com

애월 제주 북부

김지은 평론가, 서한영교 작가, 배경내 활동가, 변진경 기자…

어린이의 곁에서 어린이가 살아갈 세상을
함께 고민하고 활동하는 12명의 어른 동료들이
내 안의 어린이와 내 옆의 어린이들에게
띄우는 편지

● 우리 모두는 어린이였다

김지은 외 씀 | 19,000원

우리 사회에서 어린이는 어떤 존재인가.
찬양의 대상이면서 동시에 손쉽게 혐오당하는 어린 사람들…….
가장 약한 존재를 배려하고 존중하는 사회는 모두를 위한 사회이다.
"우리 모두는 어린이였고 여전히 어린이를 품고 살아가기에."

(03971) 서울시 마포구 성미산로1길 30 2층 | 전화 02-332-0712 | 전송 0505-115-0712   교육공동체벗

교육공동체 나다
주말 인문학 강좌 휴머니잼
"문학하는 겨울"

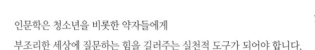

인문학은 청소년을 비롯한 약자들에게
부조리한 세상에 질문하는 힘을 길러주는 실천적 도구가 되어야 합니다.

교육공동체 나다의 주말 인문학 강좌 휴머니잼은
단순한 교양을 넘어 그 부조리한 힘의 정체에 다가가고,
거기에 맞설 힘을 함께 만드는 시간입니다.

그리고 이 과정을 통해 강제가 아닌 내 삶을 주체적으로 끌고 나갈 수 있는
조금은 특별한 "재미"도 발견할 수 있을 것입니다.

초등 문학 백 개의 눈을 가진 아이들 (5강)
★ 우리 마음의 숨겨진 눈을 뜨게 만드는 다섯 편의 질문들
참가자 12~13세 **일시** 1월 19일~2월 23일
오프라인 / 온라인 매주 일요일 오전 10시 30분~오후 12시 30분

중등 문학 잃어버린 것들의 세계를 걷다 (5강)
★ 정신없이 돌아가는 일상에서 문학을 통해 나를 돌아보다
참가자 14~16세 **일시** 1월 19일~2월 23일
오프라인 / 온라인 매주 일요일 오후 1시~3시

고등 문학 우리는 시대와 작별하지 않는다 (5강)
★ 엉킨 실타래처럼 모든 것이 꼬여버린 시대에 한강의 작품을 만나다
참가자 17~19세 **일시** 1월 19일~2월 23일
오프라인 매주 일요일 오후 3시 30분~5시 30분

상세소개 및 신청

정원 모둠별 10명 **신청** 02-324-0148, QR코드
장소 동네책방 개똥이네 책놀이터 (망원역, 마포구청역) ※온라인 강좌는 zoom으로 진행됩니다
강좌후원금 10만원 [회원20% 할인] ※강좌후원금 납부 예외를 원하시면 상의해 주세요

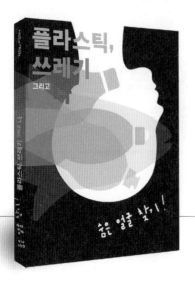

플라스틱, 쓰레기, 그리고 나 –
숨은 얼굴 찾기!

플라스틱 쓰레기는 줄일 수 있을까요?
플라스틱을 덜 쓰면서 살 수 없을까요?

핵심을 이해하기 쉽게 풀어낸 글, 상상력을
불러일으키는 독창적인 그래픽
깊이 있고 흥미롭게 플라스틱에 대한
지식과 정보를 전합니다.

기획 (사)작은것이 아름답다　**지음** 하인리히 뵐 재단
옮김 손어진, 유진, 윤혜진 움벨트　**값**　18,000원
160×200mm ｜ 160쪽 ｜ 100퍼센트 재생종이,
식물성 잉크 4도 인쇄, 반양장

* 전국 서점에서 구입할 수 있습니다.

생태환경문화잡지 〈작은것이 아름답다〉 최근호

282호
〈바닷가〉
땅과 바다가 만나는 곳,
우리가 지나친
바닷가 이야기

281호
**〈자연이 내게
가르쳐 준 것〉**
자연이 이끌어 준
내 삶의 한 살이

280호
〈기준치를 묻다〉
무엇이 기준인가,
누구를 위한 기준인가
누가 기준을 정하는가

279호
〈섬〉
자연의 공간 시리즈
여섯 번째,
생태공간 섬의 재발견

* 다음호 예고　283호 〈플라스틱 없는, 두 번째(가제)〉 12월 출간 예정

작은것이 아름답다

1년 4회 펴냄, 정기구독 55000원
www.jaga.or.kr / 02-744-9074~5

내 안의 늑대를 발견하다

나를 일으켜 세우는 워킹 테라피

조나단 호반 지음
김미정·박창준 옮김

값 17,000원

알코올 중독과 사별의 고통, 번아웃 등으로 힘든 시기를 겪다 걷기를 통해 내면의 힘을 되찾은 저자가 심리상담가가 되어 비슷한 어려움을 겪는 이들을 위한 책을 펴냈다. 이 책은 워킹 테라피를 차근차근 실천할 수 있도록 도와주는 워크북으로도 활용할 수 있게 구성되어 있다.

"나쁜 날씨는 없다, 나쁜 준비만이 있을 뿐이다"라는 말처럼 무작정 걷는다고 치유가 일어나지는 않는다. '워킹 테라피'를 보다 효과적으로 경험하려면 준비가 필요하다. 이 책은 그 준비 과정을 도우면서 걷기의 모든 여정에 적절한 도움말을 제공한다. 저자의 안내에 따라 길을 나서는 것만으로도 치유와 회복의 과정이 시작될 것이다.

[워킹 테라피 워크숍]
나를 일으켜 세우는 '워킹 테라피' 맛보기

일시 : 12/7(토) 오전 10시~오후 12시 30분
장소 : 서울 선정릉 매표소 앞
준비물 : 따뜻한 물, 가벼운 간식, 필기도구
안내 및 진행 : 김경미(걷기피정 활동가), 김미정(가톨릭영성심리상담소 상담사), 박창준(요양보호사)

[출간 기념 온라인 강연]
우울증과 걷기, 그리고 스스로 하는 워킹 테라피

12/10(화) 오후1시 30분 (온라인 ZOOM)
1부 상담자로서 만난 '가벼운 우울증' 이야기 _ 김미정(가톨릭영성심리상담소 상담사)
2부 우울증이 걷기와 만나면? _ 김원장(걷기피정 지도자)
3부 〈나를 일으켜 세우는 워킹 테라피〉 책 이야기

문의 _ dabi640217@gmail.com 워크숍 및 강연 신청 _ bit.ly/3Cc6x6r 또는 큐알코드

도미누스북스 주소 서울시 서초구 효령로 391 104-403 이메일 dabi642071@gmail.com

자기주도성을 바라시나요?

_계간《민들레》2024년 가을호

주도하는 삶, 묻어가는 삶

요즘 아이들의 특징 중 하나를 꼽으라면 무기력이 아닐까 싶습니다. 아이들끼리 "집 나가면 개고생"이라거나 "아무것도 안 하고 있지만 더 격렬하게 아무것도 안 하고 싶다"는 말도 하지요. 두어 살 때만 해도 혼자 하겠다며 도움 주려는 부모의 손을 당차게 뿌리치던 아기들이, 주로 안 하는 쪽을 택하는 아이로 자란 건 왜 그럴까요.

아이러니하게도 그런 아이들을 앞에 두고 교육은 더욱 '주도성'을 강조하고 있습니다. '주도성'은 새로 개정한 교육과정에서도, OECD에서 제시하는 미래 역량에도 빠지지 않는 단어입니다.

'주도성'을 강조하는 건 중심 없이 휩쓸려 가는 삶을 경계하란 뜻이겠지만, 매사에 주도적이기란 쉽지 않습니다. 주도성의 속성이 타인 그리고 환경과의 상호작용이라면 좀 휩쓸려가는 인생도 괜찮지 않을까요. 좋은 사람들에 휩쓸리다 보면, 그 흐름을 타고서 바다에 다다를 수도 있으니까요. 때론 주도하고 때론 묻어가면서 조금 힘 빼고 살아도 좋지 않을까 싶습니다.

'자기주도성'에 대해 자세히 들여다봅니다. 학교현장을 떠도는 주도성의 의미와 현실, 아이들의 동기를 만들고 주도성을 독려하는 사례를 담았습니다. 주도적인 아이로 기르기 위해 그보다 더 주도적인 어른이 되어야 하는 현실은 '삶의 주인은 누구인가' 하는 질문을 던지게 합니다.

2024년 가을호 주요 내용

'친구 따라 강남 가는' 아이들
학교생활기록부, 주도적으로 삶을 기획하라?
'자기주도적인 아이'라는 이상 혹은 환상
엄마표 자기주도성 다시 보기
자기주도학습이 안 되는 건 아이들 탓이 아니다
주체성 과잉의 시대를 살아가며

정기구독 신청

낱권 16,500원
일 년 구독료 66,000원

2024년부터 발행 주기가
격월간에서 계간으로 바뀌었습니다.

단체로 신청하시면 구독료를
10% 할인해 드립니다.

민들레 02) 322-1603 | mindle.org
mindle1603@gmail.com